Otto Zsok · Der mühsame Weg zum Geistigen

Otto Zsok

Der Mühsame Weg zum Geistigen

*Die persönliche Verantwortung des Menschen
bei der Sinnfindung*

EOS VERLAG ERZABTEI ST. OTTILIEN

Umschlag-Grafik: Brigitte Karcher

Die Deutsche Bibliothek – CIP-Einheitsaufnahme

Zsok, Otto:
Der mühsame Weg zum Geistigen : die persönliche Verantwortung des Menschen bei der Sinnfindung / Otto Zsok. –
St. Ottilien : EOS-Verl., 1999
  ISBN 3-8306-7010-9

© 1999 by EOS Verlag Erzabtei St. Ottilien, D-86941 St. Ottilien

Ich widme dieses Buch:
meinem geliebten Sohn *Michael-Janosch*

INHALTSVERZEICHNIS

1. Der Mensch als Leib-Seele-Geist-Einheit und praktische Konsequenzen daraus 9
- Die Angewiesenheit des Geistes auf das Psychophysikum 9
- Geist ist mehr als Verstand und Vernunft 20
- Praktische Konsequenzen 23

2. Der innere Weg zum Geistigen oder »jeder hat sein Auschwitz« (Frankl) 31
- Auschwitz: ein existentielles Symbol 31
- Drei Ziele auf dem Weg zum Geistigen 36

3. Kritische Bemerkungen zu einem Buch über Viktor E. Frankl:
A. Längle, Viktor Frankl. Ein Porträt (1998) 45

4. Logos und Veritas: Sinn und Wahrheit im Kontext der (Psycho-)Therapie 73
- Wahrheit und Wahrheiten: Ein Fallbeispiel 73
- Der transsubjektive Charakter des Logos oder der nicht machbare Sinn der Logotherapie 87

5. Der Weg zum Geistigen ist mühsam
Drei Variationen zu diesem Thema – im ernstheiteren und ironischen Ton 97
- 1. Variation: Das Glück muß gebaut werden 97
- 2. Variation: Über die Sünde der Trägheit und eine Lobrede auf die wahre Gelassenheit 110
- 3. Variation: Geist ist nichts Erdachtes! Geist ist lebendiges Licht! 126

Literaturverzeichnis 131

Über den Autor 135

Weitere Bücher des Autors 136

1. DER MENSCH ALS LEIB-SEELE-GEIST-EINHEIT
UND PRAKTISCHE KONSEQUENZEN DARAUS

Die Angewiesenheit des Geistes auf das Psychophysikum

In Mozart's *Zauberflöte* fragt der Prinz Tamino den Naturburschen Papageno: »Aber wie (wovon) lebst du?« Und Papageno antwortet prompt: »Von Essen und Trinken, wie alle Menschen.«

Speise und Trank, Luft und Wasser, Sport und Schlaf usw. sind Nahrung für den *Leib* des Menschen. Gefühle der Sympathie und der Zuneigung, Wärme und unterstützend-wohlwollende Beziehungen sind Nahrung für die *Seele* des Menschen. Aber: Sinnerkenntnis und Suche nach tragfähigen Werten, Kunst und Philosophie, Meditation und Spiritualität, Humor und Gebet sind Nahrung für den *Geist* des Menschen. Leib, Seele und Geist bilden eine Dreier-Einheit, wobei weder der Leib noch die Seele das Eigentlich-Menschliche ausmachen; doch ohne Leib-Seele (ohne das Psychophysikum) wäre des Menschen Dasein in dieser Welt nicht möglich. Aus der Erfahrung der sog. *Weltoffenheit,* der Ungenügsamkeit mit dem unmittelbar Sinnlich-Gegebenen, sprachen Vertreter der klassischen Anthropologie (Scheler, Gehlen, Plessner, Landmann) Anfang und Mitte des 20. Jahrhunderts davon, daß wir Menschen von einer nur uns kennzeichnenden und eigentümlichen *geistigen Urdynamik* vorwärts getrieben werden bzw. im Treiben selbst immer wieder Stellung nehmen können und müssen, damit wir mit der Aufgabe des Daseins fertig werden.

Immer schon strebt der Mensch über sich selbst hinaus, er ist von vornherein offen auf die ganze Welt hin, weil er nicht, wie das Tier, in sein Biotop eingebunden, sondern aus seinem natürlichen Milieu emporragend, sich ausrichtet auf die ganze Fülle des Seins schlechthin – auf die *Transzendenz*. Seine »Position im Element des Geistigen« (Haeffner) ermöglicht ihm, sich zu sich selbst, zu den Mitmenschen und zur Transzendenz (wie sie auch gedeutet werden mag) zu verhalten.

Zweifelsohne gibt es im Menschen eine Mehrdimensionalität: Er ist ein »unitas multiplex« (Thomas von Aquin). *Eine ontologische Vielfalt in anthropologischer Einheit* – wie Viktor Frankl, der Begründer der Logotherapie das ausdrückt. Von seinem Körper her ist der Mensch den physikalischen Gesetzen unterworfen, doch auf seinen Geist hat die Gravitationskraft keine Wirkung. Von seiner Seele und den Seelenkräften her kann sich der Mensch hin und her bewegen zwischen »Himmel« und »Erde« und fühlt sich wie ein flutendes Meer, das einmal vollkommen ruhig den unendlichen blauen Himmel widerspiegelt, und ein anderes Mal orkanartig, wild aufgewühlt, innerlich und äußerlich tobend wie ein gejagtes Tier, keine Ruhe mehr findet – ohne daß er dabei den physikalischen Ort gewechselt hätte. Dennoch ist der Mensch in diese sinnlich-physikalische Erscheinungswelt hineingestellt, und zutiefst kann er die Kräfte der Natur und des Kosmos in seinem Leibe, aber auch in seiner Seele fühlen. Ich habe keinen Zweifel daran, daß er die »planetarischen Kräfte«, die zu seinem Glück beitragen können, benutzen sollte. – Betrachten wir nun in kürze die einzelnen »Seinsdimensionen« des Menschen.

Der *somatischen* (leiblich-physischen) Dimension sind alle leiblichen Phänomene zuzuordnen (organische Zellgrundlage, physiologische Lebensstruktur, chemische und biophysikalische Prozesse). Wollte man eine Unterscheidung zwischen »Körper« und »Leib« einführen, dann ließe es sich folgendes sagen: Der »Körper« an und für sich scheint mir eine anatomische Größe zu sein, während die Bezeichnung »Leib« irgendwie schon zum Ausdruck bringt, daß der Mensch in Beziehung zu seiner Mit- und Umwelt steht. Der Mensch, der ursprünglich ein »Geistwesen« ist, ist in dieser Welt im Medium des Leibes *da,* und so hat er einen geographisch-geschichtlich genau bestimmbaren Ort.

Die *seelisch-psychische* Dimension umfaßt »die Sphäre der Befindlichkeit des Menschen und dazu gehören seine Gestimmtheit, seine Triebgefühle, Instinkte, Hoffnungen (bzw. Erwartungen – O.Zs.), Begierden, Sehnsüchte usw. Zu diesen seelischen Phänomenen gesellen sich aber auch die intellektuellen Begabungen des Menschen, seine erworbenen Verhaltensmuster und sozialen Prägungen«[1]. Das ist die Dimension der *psychischen Kräfte* (Triebe, Gefühle, spontane Willensstrebungen) und der *psychischen Funktionen* (Wahrnehmung, Gedächtnis und bestimmte Denkakte). Bis dahin besteht eine weitgehend identische Struktur mit den höher entwickelten Tieren.[2] – An dieser Stelle sollen einige Bemerkungen eingeschaltet werden. Zu Recht hat man früher von der »Tierseele« von der »Psyche des Tieres« gesprochen, um anzudeuten, daß das vegetative Funktionieren des tierischen Lebens von der »vegetativen Seele« gesteuert wird. Beim Betrachten gewisser Menschen der Geschichte ist man geneigt anzunehmen, daß sie nur eine vegetativ-tierische Seele und

---

[1] E. Lukas, Von der Trotzmacht des Geistes, Freiburg 1986, S. 26.
[2] Vgl. E. Lukas, Psychologische Vorsorge, Freiburg 1989, S. 44.

keine Geistseele haben. Die höherentwickelte Seele des Menschen – die Geistseele – ist gewiß anderer Art als die Tierseele (sie gehört sozusagen einer anderen »ontologischen Dimension« an), wobei in ihm (im Menschen dieser Erde) gewiß auch eine Tierseele waltet, die aber m.E. in die Geistseele integriert ist. Die *seelische* Empfindung des Menschen ist (bei aller Ähnlichkeit mit den Empfindungen höher entwickelter Tiere) jedoch von einer höheren Qualität.

Es gibt im Menschen bestimmt eine *leib-seelische Einheit* (psychosomatische Einheit), die so innig ist, daß eine rein körperliche Erkrankung sich in der Psyche auswirkt und umgekehrt, daß eine rein psychisch-seelische Erkrankung somatische Auswirkungen hat. Frankl hat diese Wechselwirkung mit den Worten *»obligater psychophysischer Parallelismus«* beschrieben. Wir wollen einige Beispiele aufzählen. – Eine Beinamputation (leiblich-organisches Geschehen) kann das (dem seelisch-psychischen Bereich zugeordnete) Selbstwertgefühl des Menschen radikal erschüttern, so daß er u.U. depressiv wird. Eine tiefe Enttäuschung in einer Liebesbeziehung (Verletzung der Seele), kann Magenbeschwerden, Erschöpfungssyndrome, lang anhaltende Schlaflosigkeit und viele andere körperliche Symptome hervorrufen. Das Gefühl der Trauer (ein seelisches Ereignis) ist u.U. so stark, daß der Mensch körperlich total zusammenbricht usw. Diese Beispiele zeigen: In der psycho-physischen Dimension seines Daseins (in seinem Psychophysikum), ist der Mensch oft nicht frei und außerdem schicksalhaften Umständen ausgesetzt, die er nicht ändern kann. Der Logotherapie zufolge zeigt sich aber das Eigentlich-Menschliche erst in der dritten Dimension in der sog. *noetischen* oder *geistigen* Dimension. Eine kurze philosophische Anmerkung dazu wird an dieser Stelle nützlich sein. Das griechische Wort »Nous« wurde ins Lateinische mit »intellectus« und auf Deutsch mit »Geist« oder »Vernunft« übersetzt. Damit assoziieren wir im Deutschen zunächst die Denkfähigkeit einer singulären Intelligenz, aber auch den Vollzug des objektiven (logischen) Denkens. Doch der logotherapeutisch verstandene »Geist« oder »das Geistige« ist *mehr als Vernunft und Denken:* Er umfaßt Denken, Intellekt, Verstand und Herz. Der von Max *Scheler* (1874–1928) entwickelte anthropologische Ansatz über die »Sonderstellung« des Menschen im Kosmos, der ja Frankl in der Entfaltung seines logotherapeutischen Menschenbildes zutiefst beeinflußt hatte, soll in diesem Zusammenhang als Hintergrundinformation eingeblendet werden. Damit wird nämlich der nächste Schritt – die »begriffliche Durchdringung« der geistigen Dimension des Menschen – deutlicher. In seinem philosophischen Spätwerk zur Stellung des Menschen im Kosmos schreibt Scheler 1928 u.a. folgendes:

»Das Wesen des Menschen und das, was man seine ›*Sonderstellung*‹ nennen kann, steht *hoch* über dem, was man Intelligenz und Wahlfähigkeit nennt, und würde auch nicht erreicht, wenn man sich diese Intelligenz und Wahlfähigkeit quantitativ beliebig, ja bis ins Unendliche gesteigert vorstellte. Aber auch das wäre verfehlt, wenn man sich das Neue, das den Menschen zum Menschen macht, nur dächte als eine zu den psychischen Stufen: Gefühlsdrang, Instinkt, assoziatives Gedächtnis, Intelligenz und Wahl noch hinzukommende neue Wesensstufe *psychischer* und der Vitalsphäre angehöriger Funktionen und Fähigkeiten, die zu erkennen also in der Kompetenz der Psychologie und Biologie läge. (...) Das, was den Menschen allein zum ›Menschen‹ macht, ist nicht eine neue Stufe des Lebens, (...) sondern es ist ein allem und *jedem Leben überhaupt, auch dein Leben im Menschen entgegengesetztes Prinzip:* eine echte neue Wesenstatsache, die als solche überhaupt nicht auf die ›natürliche Lebensevolution‹ zurückgeführt werden kann, sondern, wenn auf etwas, nur auf den obersten einen Grund der Dinge selbst zurückfällt: auf denselben Grund, dessen *eine* große Manifestation das ›Leben‹ ist.

Schon die Griechen behaupteten ein solches Prinzip und nannten es ›Vernunft‹. Wir wollen lieber ein umfassenderes Wort für jenes X gebrauchen, ein Wort, das wohl den Begriff ›Vernunft‹ mitumfaßt, aber neben dem *›Ideendenken‹* auch eine bestimmte Art der *›Anschauung‹, die* von Urphänomenen oder Wesensgehalten, ferner eine bestimmte Klasse *volitiver* wie *emotionaler Akte* wie Güte, Liebe, Reue, Ehrfurcht, geistige Verwunderung, Seligkeit und Verzweiflung, die freie Entscheidung mitumfaßt –: das Wort ›*Geist*‹. Das Aktzentrum aber, in dem Geist innerhalb endlicher Seinssphären erscheint, bezeichnen wir als *›Person‹*, in scharfem Unterschied zu allen funktionellen Lebenszentren, die nach innen betrachtet auch ›seelische‹ Zentren heißen.«[3]

Die Grundbestimmung des so gekennzeichneten Geistes sei, so fügt Scheler hinzu, »*seine existentielle Entbundenheit vom Organischen,* seine Freiheit, Ablösbarkeit (...) von dem Bann, von dem Druck, von der Abhängigkeit vom *Organischen,* (...) auch von seiner eigenen triebhaften ›Intelligenz‹.«[4] Das ist m.E. der Schlüsseltext, der in der Anthropologie Frankls eine wesentliche Rolle

---

[3] M. Scheler, Die Stellung des Menschen im Kosmos, Bonn 1991, S. 37f.
[4] Ebd., S. 38.

und therapeutische Ausgestaltung gewonnen hat. Von hier aus leuchtet die von Frankl so nachdrücklich herausgestellte »Trotzmacht des Geistes« ein, nämlich die (nur einem geistigen Wesen eigentümliche) Fähigkeit, sich vom Psychophysikum (vom Organischen) distanzieren zu können. Im übrigen wurde seit 1928 schon längst die quantitative Steigerung der (künstlichen) Intelligenz fast bis ins Unendliche vorangetrieben. Während das menschliche Bewußtsein nicht mehr als rund 40 verschiedene Ereignisse pro Sekunde unterscheiden kann, verarbeitet schon ein durchschnittlicher PC die millionenfache Informationsmenge. Es ist gar nicht auszuschließen, daß die technische Entwicklung solche »künstliche Gehirnkapazitäten« produzieren wird, die ein sogar dem Menschen sehr ähnliches »Bewußtsein« haben wird. Dennoch würde eine künstliche Intelligenz *niemals* so etwas wie geistiges »Sinn- und Selbstbewußtsein« oder »Intentionalität und Für-sich-selbst-Gegenwärtigsein in der Erkenntnis« zeigen können, da diese Phänomene ohne die ontologische (seinsmäßige) Eigenart des Geistes nicht zu erklären sind. Das *Sich-zu-sich-selbst-verhalten-Können* und zugleich *sich gegenüber der Welt und dem Sein überhaupt verhalten zu können,* ist aus den physisch-chemischen und den biopsychischen Kräften niemals abzuleiten, denn diese Phänomene sind ursprünglich Manifestationen des Geistigen (auch des unbewußt Geistigen), und das Geistige gehört einer anderen ontologischen Dimension an als das Physisch-Psychische. Auf diesen Sachverhalt verwies auf seine Art der berühmte britische Physiker James Maxwell, »als er 1879 auf seinem Sterbebett sagte:

›Was von dem sogenannten *Ich* vollbracht wird, das vollbringt, das spüre ich, in Wirklichkeit etwas in mir, das größer ist als das ich‹. (...) Die Genialität des Bewußtseins ›beruht nicht auf der Information, die es enthält, sondern auf der, die es nicht enthält. Das Bewußtsein ist genial, weil es weiß, was wichtig ist‹ (Tor Norretranders). Neurowissenschaftler, Psychologen und Philosophen sind sich einig, wenn sie sagen: Das Bewußtsein ist mehr als ein bloßer Datenfilter.«[5] Der naturwissenschaftliche oder auch psychologische Optimismus, das »Ich« als das sog. »letzte große Menschheitsrätsel« vollkommen aus der Evolutionsgeschichte freizulegen, mag – laut dem zitierten Spiegel-Artikel – einige amerikanische oder auch deutsche Forscher kennzeichnen. Der Autor dieses Buches hält es für ziemlich unwahrscheinlich, das *geistige Ich* (das geistige Selbstbewußtsein), mit Methoden der Psychologie oder der Neurobiologie enträtseln zu können. Was da enträtselt werden kann, ist höchstens das sog. empirische, psychologische oder das kleine Ich. Doch der Mensch als geistiges Wesen ist unendlich mehr als der Bereich seines psychologischen Ichs, was freilich auch zu ihm gehört. Nach diesem »kleinen Exkurs« können wir uns der Beschreibung der sog. geistig-noetischen Dimension – der eigentlich menschlichen Dimension – widmen.

Dort, also in der *geistigen Dimension,* sind folgende Phänomene zu »lokalisieren«: freie Stellungnahme zur Leiblichkeit und Befindlichkeit, bewußt getroffene und intentional auf Sinn gerichtete Willensentscheidungen (auch wenn sie psychisch gesehen »gegen den Strich« gehen, d.h. unangenehm zu fühlen sind), sachliches und künstlerisches Interesse, Selbst- und Sinnbewußtsein,

---

[5] Vgl. Der Spiegel Nr. 16, 15.4.1996 zum Titelthema: »Forscher erkunden das Bewußtsein«, S. 190–202.

Intuition und Inspiration, Religiosität und ethisches Empfinden (Gewissen), Wert- und Sinnorientierung. Zur geistigen Dimension gehören die ursprünglich menschlichen Fähigkeiten zur Selbstdistanzierung (man kann auch sagen: die Fähigkeit, vom Ego Abstand zu nehmen) und zur Selbsttranszendenz – das ist die Fähigkeit des Über-sich-selbst-hinauswachsen-Könnens. Aus der geistigen Dimension heraus entwickelt der Mensch so etwas wie Spiritualität, Humor und die sich selbst (sein Ego) vergessende Liebe. Und in seiner (ewig) geistigen Dimension (oder anders ausgedrückt: in seinem heilen-geistigen Personkern) empfindet der Mensch (geistig!) während des Meditierens die aufwärts ziehende Kraft des Göttlichen und/oder den hellen Lichtstrahl der Erleuchtung. In der geistigen Dimension erfaßt der Mensch sein *höheres Selbst*.

In und aus der geistigen Dimension heraus weiß der Mensch unumstößlich, daß er die Freiheit und die Verantwortung »für etwas« oder »für jemanden« hat. Er ist seiner eigenen Freiheit (und damit der Last der Verantwortung gegenüber einem zu verwirklichenden Sinn) so sehr ausgeliefert, daß der französische Philosoph, Jean Paul Sartre, die Worte zu prägen wußte: »*Der Mensch ist das zur Freiheit verdammte Wesen*« (hier sinngemäß zitiert).

Dieses Geistige im Menschen wird nicht gezeugt und geht demnach nicht unter mit dem Zerfall des Psychophysikums. Frankl drückte dies in den zehn Thesen zur Person folgendermaßen aus: »Jede einzelne Person ist ein absolutes Novum.«[6] Das geistig-personale »Element« eines jeden Menschen ist einmalig, einzigartig, unwieder-

---

[6] V. E. Frankl, Der Wille zum Sinn, München 1991, S. 109.

holbar. Es hat die Macht, Kräfte in Bewegung zu setzen, die das Psychophysikum durchaus heilend beeinflussen. Diese Macht nannte Viktor Frankl die Trotzmacht des Geistes und verdeutlichte seine Auffassung mit folgendem Bild: Alle Triebhaftigkeit des Menschen (Sexualität, Aggression, Zorn usw.) ist einem »Ich« unterstellt, so daß man nicht sagen könne, das »Ich« sei den Mächten der Triebe als Spielball ausgeliefert. Das »Ich« ist geistig und als solches kein Spielball dunkler Mächte. Die von vornherein gegebene Macht des Ich gegenüber den »Mächten des Es« läßt sich etwa so verstehen »wie die Macht eines altersschwachen Richters, einen athletischen Angeklagten zu verurteilen; wer diese Macht des Richters anzweifelt, der verwechselt die richterliche Macht mit Brachialgewalt.«[7] Frankl zitiert noch in diesem Zusammenhang Martin Buber, der sorgfältig zwischen Macht und Kraft unterschieden hat, indem er sagte: Die Fähigkeit, Kräfte in Bewegung zu setzen, habe der Geist[8] – und das ist genau die Trotzmacht des Geistes. »Zum Glück« – schreibt Frankl weiter – »muß der Mensch von dieser Trotzmacht keineswegs unentwegt Gebrauch machen; denn mindestens ebenso oft wie trotz seines Erbes, trotz seiner Umwelt und trotz seiner Triebe behauptet sich der Mensch ja auch dank seines Erbes, dank seiner Umwelt und kraft seiner Triebe«[9].

Man hat freilich immer wieder geglaubt, daß wer sich der Seele erinnere, wer sozusagen einen geistig-spirituellen (religiösen?) Weg gehe, der müsse den Körper (vor allem die Sexualität, die Wut, die Aggression)

---

[7] V. E. Frankl, Der leidende Mensch, München 1990, S. 225.
[8] Vgl. ebd.
[9] Ebd., S. 235.

nach Möglichkeit »abtöten«, um dadurch die (Geist-)Seele von den Trieben »frei« zu machen. Diesem »Spiritualismus« erteilt Frankl eine realistisch-nüchterne Absage. Die Trotzmacht des Geistes dient nicht der Abtötung der Seele und des Körpers, sondern der **Formung der Seele und des Körpers** (des Psychophysikums) im Hinblick **auf sinnvolles Wirken in dieser irdischen Welt.** Was wäre denn die Seele ohne das Medium des physisch-sinnlichen Körpers? Ohne den **Inhalt** ihres Erlebens, das der Seele hier auf Erden immer durch den Körper vermittelt wird, wäre sie (die Seele) »eine gähnende Leere, ein inhaltsloses Sprechen, eine Uhr ohne Zifferblatt, eine Werkstatt mit tausend surrenden, aber leerlaufenden Rädern.«[10] Es hat wohl einen tiefen Sinn, daß Körper und Seele eine innige Einheit bilden. Dazu gesellt sich, wie zuvor erwähnt, das Geistige als dritte – und eigentliche (aber nicht einzige!) – Dimension des Menschseins, die noch einmal auf die »Über-Welt« (Frankl), auf die Transzendenz, auf das Göttliche hin offen ist. Aus biblisch-christlicher Sicht gesprochen, muß man sich immer wieder in tiefer Versenkung vergegenwärtigen, daß die »Inkarnation des Logos« (als des höchsten und erhabensten geistigen Wesens) in der historisch greifbaren Gestalt des Meisters von Nazareth wohl (auch) den tiefen Sinn gehabt haben mag, den »reinen substantiellen Geist« durch das Leib-Seelische hindurch zum Ausdruck zu bringen. Das »Mysterium der Inkarnation« lehrt m.E. noch einmal, daß das Psychophysikum der »kunstvolle Ort« der Manifestation des Geistes und als solcher ein unverzichtbares »Organon« (Instrument) für ihn ist. Darum kann es niemals darum gehen, den Körper immer mehr zu »ver-

---

[10] Bô Yin Râ, Mehr Licht, Bern 1989, S. 202, 4. Auflage.

geistigen«: dieses Ziel, das vielen sog. »Spiritualisten« immer noch als erstrebenswürdig erscheinen mag, muß notwendig von einer Selbsttäuschung zur anderen führen. Eine frühzeitige »Vergeistigung«, wie »Vergeistigung des Körpers« überhaupt, ist mit Gewißheit ein Irrweg. Was die dreidimensionale ontologische Verfassung des Menschen von uns abverlangt, ist: die **Verkörperung des Geistes.** Inkarnation bedeutet schließlich die vielfältige Hineinverkörperung des Geistigen (des Logos) in unsere materielle, raum-zeitlich verfaßte (Welt-)Geschichte.

Geist ist mehr als Verstand und Vernunft

Versuchen wir nun eine *andere Annäherung* des mehrdimensionalen Menschen.

Die heutige Zeit kennzeichnet ein ausgeprägtes Körperbewußtsein, vielleicht auch Körperzentriertheit? Gesundheitsparks und Fitneßzentren, Biomarkt und Reformhäuser, viele körperorientierte Therapien usw. sorgen dafür, daß ein Wohlgefühl im Körper und dadurch auch ein seelisches Gleichgewicht erreicht wird. Außerdem gehören der Psychomarkt und Psychotrend (nein: Psychoboom!) zu unserer gesellschaftlichen Realität: Ein schier unüberschaubares Angebot an Psychotherapien und Methoden (Psychodrama, Gestalttherapie, Hypnotherapie, Primärtherapie, Urschreitherapie usw.) versprechen Ruhe und Heil für das Gefühlsleben, für die Seele. Und schließlich gibt es heute in der westlichen Welt eine große Fülle von »Geistern« bzw. »Geistheilern« und »Hellsehern« und eine Menge sogenannter »Geistesrichtungen«: Magie und Astrologie, Okkultismus, Spiritismus und Esoterik etc. Mag sein, daß seriöse, verantwortungsbewußte Vertreter dieser Richtungen bei manchen Menschen immer wieder etwas Gutes bewirken. Es kommt auf die *Reife jener Persönlichkeit* an, die mit diesen Kräften umgeht. Wir sind tolerant geworden und erlauben jedem, auf seine Art das Glück, die Heilung, die Erfüllung und das Sinnvolle zu suchen. Was man nicht vergessen sollte, ist m.E. der Umstand, daß »psycho-spirituelle« Richtungen bzw. »spiritualisierte Psychologien« noch nicht an die Wirklichkeit des Geistes heranreichen. Ich möchte dazu, mich auf einen aktuellen Bericht stützend, einige Anmerkungen anfügen.

Im Nachrichtenmagazin »Focus« (Nr. 14, 15, 16, 1996), war eine Serie zu lesen zum Thema: »Macht Esoterik glücklich?« Da heißt es u.a., (Nr. 14, 1. April 1996 S. 196ff.), daß heute fast jeder zweite Deutsche daran glaube, »sein Leben könne durch Meditationstechniken oder fernöstliche Weisheiten bereichert werden. (...) Fast 40 Prozent der Befragten sind sich sicher, daß manche Menschen über seherische Fähigkeiten verfügen. (...) **Ganzheitlichkeit** geriet zum Schlagwort. Der Weg zum Glück sollte über die Errungenschaften der Wissenschaft und Eingebundenheit in die Natur führen. Erreicht werden sollte dies durch die Wiederentdeckung sowie den Import verschiedener spiritueller Weisheiten und Lehren in unseren Kulturkreis. In diesem Fahrwasser blühten fernöstliche wie heimische Glaubens- und Aberglaubenslehren erneut auf« (S.197). – Vom logotherapeutischen wie auch von meinem persönlichen Standpunkt her, ist das Anliegen der sog. »Ganzheitlichkeit« unbedingt zu bejahen. Vorausgesetzt dabei ist freilich, daß man unter Ganzheitlichkeit nicht den Bereich des Psychophysikums versteht, (und die seherische Fähigkeit gehört zum Psychophysikum), sondern den Menschen *als Leib-Seele-*

Geist-Einheit unter der Führung des Geistigen. Was aber die marktbedingte Esoterik bei uns anbietet, bleibt m.E. im Bereich des Psychischen und des Leiblichen. Die wirkliche Esoterik will den Menschen eben mit seinem geistigen Ur-sprung in Verbindung bringen. Demgegenüber ist der Umgang mit »Runen und Ölen, Tarot-Decks und Kristallen« (ebd., S.198) ein im Bereich der »planetarischen Kräfte« bleibende Vorgehensweise, um dem Körper und der Psyche zur Heilung zu verhelfen, vorausgesetzt, daß die mit diesen Kräften Umgehenden verantwortungsbewußte, reife Persönlichkeiten sind, die nicht mehr versprechen, als sie tatsächlich bewirken können.

Gewiß finden immer mehr Menschen innere Ruhe, Nähe zu den Mitmenschen, Ausgeglichenheit, Glück, Zufriedenheit und Gelassenheit über Riten und Kulte, Meditationstechniken aus Asien oder aus der Antike und sogar aus den Naturreligionen. »Ein Beispiel ist Fritz Hendrik Melle, Geschäftsführer einer Agentur für Kommunikation in Berlin. Ein selbstsicherer, erfolgreicher 33jähriger, der sich plötzlich fragte: ›Wer bin ich, was bin ich, was soll das Ganze?‹ Zuvor habe er sich stets für ›den Größten gehalten, wenn ich etwas gut gemacht habe‹. Mit der Zeit sei er dann aber ›leergelaufen, zynisch geworden. Ich hatte das Gefühl, ständig den falschen Dingen hinterherzuflitzen – da wollte ich kucken, wo geht's da raus‹. Sein Weg führte ihn zu den ›Neo-Schamanen‹ – zum Trance-Dance, zu dem ›enormen Energiereservoir‹, das die Welt bereithielte. Heute sei er zufriedener, glücklicher« (ebd., S.199). Man kann wirklich von Glück sprechen, wenn ein Mensch im rituellen Tanz seine Zufriedenheit findet. Freilich ist auch das Geschäft mit der Esoterik eine florierende Branche geworden, in der aus der *existentiellen Sinnsuche* – denn darum geht es ja letztendlich (!) – ein großes finanzielles Kapital geschlagen wird. Wo sog. »Spiritualität« gegen gutes Geld verkauft wird (in welcher Form auch immer), kann m.E. von *keiner echten* Spiritualität die Rede sein. Man kann u.U. sinnvoll von »spiritualisierter Psychologie«, von Beruhigung der Psyche durch »Computer-(Klang)-technik« usw. sprechen, aber nicht von einer den Menschen in seinem geistigen Ursprung ernst nehmenden existentiellen Spiritualität, die im übrigen niemals »Trance-Zustände«, sondern die *Nüchternheit des Geistes* im Alltag, die gegenüber einem konkreten Sinn bestehende *konkrete Verantwortung* eines Einzelindividuums und die *Unabwälzbarkeit der persönlichen Verantwortung* für die eigene Existenz schlechthin zu fördern wissen wird.

Praktische Konsequenzen

Was die dreidimensionale Anthropologie der Logotherapie von uns abverlangt, scheint mir noch ein ungeschriebenes Blatt zu sein. Es gilt m.E. die Dreieinheit:
Leib-Seele-Geist richtig zu würdigen und als eine *dynamische Einheit* zu leben. Folgende Gedanken wollen eine praktische Sicht zum Weiterdenken und zum Weiterfühlen anbieten. Was ist also »Geist«?

Geist ist jene *(Seins-)Dimension* in (und von) uns, die aufsteigen will, da er nach Transzendenz, nach dem »höheren Licht«, nach Vollkommenheit verlangt. Er ist immer schon auf die Transzendenz bezogen und trägt eine unausrottbare Sehnsucht nach der »Über-Welt« in sich. Der Geist des Menschen erahnt die über die Raum-Zeit-Geschichte hinausgehende (göttliche) Wirklichkeit. In der Dimension unseres Geistes streben wir nach Vollkommenheit und suchen nach dem einen und totalen, absoluten und universellen Sinn. Im Geistigen und aus dem Geist heraus wissen wir, daß wir nicht nur Kinder dieser Erde sind. Aber, so sagt Richard Rohr, der Geist in uns bleibe »ewig« unzufrieden: »Er (der Geist) läßt uns erkennen, daß uns am Ende alles enttäuscht und im Stich läßt.«[11] Mit anderen Worten: Kraft des Geistes erkennen wir, daß die Täuschung, die vielen Illusionen, die wir uns machen, ein Ende haben müssen. Der in uns (als unsere eigentlich menschliche Dimension) waltende Geist läßt uns erkennen, daß »zu viel Geist« bzw. zu früh gemachte »Geisteserfahrungen« ohne die *angemessene Seelen- und Körperarbeit* u.U. mehr Schaden anrichten als nützen. Zu viel »Geist« (was immer damit gemeint ist!) macht uns eingebildet und wir entfernen uns leicht von der geschichtlich-alltäglichen Realität: Wir setzen uns nicht mehr ein für mehr Gerechtigkeit und Frieden in dieser Welt. Zu viel Geist führt u.U. zum Abheben von der irdisch-alltäglichen Wirklichkeit. Man kommt in eine »religiös-sektiererische Scheinwelt«, in der statt Wachwerden und Verantwortung-Übernehmen, nur der »somnambule Zustand« vertieft wird.

Humorlosigkeit sei ein sicheres Zeichen für »zu viel Geist« – sagt Richard Rohr, und er fügt noch hinzu: »Die Augenbrauen solcher Leute sind ständig zerknittert. Sie haben immer die große universelle Antwort auf alle Fragen. Und sie sind so langweilig, weil sie immer dasselbe sagen, nie etwas Neues. Sie meinen, sie seien am Ziel, ohne die Reise gemacht zu haben.«[12] Welche Reise ist gemeint?

---

[11] R. Rohr, Masken des Maskulinen, München 1993, S. 54.
[12] Ebd., S. 58.

Die Reise in die Seele und in den Körper. Die Reise in die Erkenntnis der eigenen Seele und des eigenen Körpers, die zutage fördern könnte, daß MannlFrau mit 40, 50 oder 60 Jahren im Grunde immer noch den gleichen Zorn, die gleiche Wut, die gleichen Gelüste, die gleiche Eifersucht und Besitzdenken oder Unzufriedenheit in sich spürt, wie am Anfang der Erwachsenenzeit.

Es geht also weiterhin um die Seelenarbeit und um die Seele. Das griechische Wort für die Seele (= *Psyche*) bedeutet ursprünglich Schmetterling.[13] Die Seele ist jene Dimension in uns, die hinabsteigen will in die Tiefe. Die Kräfte der Seele ziehen den Menschen in die Materie hinein, in die vielfältig faszinierenden und hell-dunklen Schichten der physisch-sinnlichen Welt. Die Psyche sucht nicht universelle Antworten, sondern hier und heute gültige, zeitbedingte, auf konkrete Situationen bezogene *Teilantworten*. Sie verlangt nicht nach dem universellen Sinn, sondern nach dem konkreten Sinn. Die Seele will wissen: warum *diese* Sehnsucht in mir, und nicht, worin das Wesen der Sehnsucht besteht. Die Seele steigt in die Unvollkommenheit der Dinge hinab und will von der Absurdität, von der Leichtigkeit und Traurigkeit des Lebens lernen. Die Seele und ihre Kräfte ähneln einem flutenden Meer, das sich hin- und herbewegt, rauscht, Wellen produziert, tobt, sich wieder beruhigt usw. *Die Seelenkräfte wollen harmonisch gebündelt werden*. Die Seele »vertieft sich lieber in Poesie als in Prosa, in Musik und Literatur eher als in Logik und Technik. Die Seele wird durch das geweckt, was ich die ›unwürdigen‹ Gefühle nennen möchte. Der Geist weigert sich, die unwürdigen Gefühle überhaupt zuzulassen. Der Geist sagt: ›Ich bin doch nicht

---

[13] Ebd.

wütend ...‹ Aber man glaubt es nicht. Zu schnell entwickelter Geist ist falscher Geist.«[14]

Die Seele ist jener Teil in (und von) uns, welcher schreckliche Dinge fühlt, wie Haß und Zorn, Wollust und Eifersucht, Aggression und Wut, Neid und Schadenfreude. Diese starke Gefühle öffnen, ja, bearbeiten und erschüttern die Seele und führen sie zur Erkenntnis der eigenen Gebrochenheit und Unvollkommenheit. Diese Gefühle sind eine harte Schule des Lebens. Sie lehren uns, zu sehen und zu hören, tief zu fühlen und zu erspüren. Diese Gefühle sind zugleich »Material des Lebens«, aus denen der Mensch seine geistige Form schafft und gestaltet. Wenn ich mich nicht durch seelisches Leiden öffnen lasse, werde ich seelenlos, woraus freilich nicht folgt, daß ich ständig seelisches Leid produzieren muß. Wenn ich nicht lerne, mich selbst durch seelisches Leiden in Demut (= in meinen Grenzen) anzunehmen, werde ich ein seelenloser, eingebildeter und arroganter Fanatiker. Tiefsinnige Gedanken eines Erleuchteten möchte ich hier zitieren: »Was du dein Erdenleben nennst, ist *rohes Material,* das allerdings, so wie du es auf Erden fandest, dir *gegeben* ist und an dem du fast *nichts* oder *wenig* nur ändern kannst. In *deine* Hand jedoch ist es *allein* gegeben, was du in *geistiger* Form aus ihm *erbauen* wirst, und keine Macht der Erde wird dich hindern können *so zu bauen,* wie es der ›*Grundriß‹,* den deine *Seele* sieht, von dir verlangt. (...) Dein *geistiges* Bauen aber kannst nur du *selber* stören, oder durch Andere *stören lassen,* denen du solche Störung *erlaubst!*«[15]

---

[14] Ebd., S. 54–56.
[15] Bô Yin Râ, Geist und Form, Bern 1981, S. 56f.

Aus dem Gesagten folgt, daß Geist und Seele sich einander ergänzen müssen. Der Geist formt die Seelenkräfte und der Körper mit seiner Empfindungsfähigkeit und seinen Organen liefert der Seele »das Material«. Die Mitarbeit des irdischen Körpers in der Formung der Seelenkräfte unter Führung des Geistes ist unverzichtbar. Was geschieht, wenn die Dreieinheit das *dynamische* Gleichgewicht verliert?

Wer den Geist vernachlässigt, der verfällt der (schwarzen) Magie, der (billigen) Astrologie, dem Okkulten oder einer spiritualisierten Form der Psychologie. Er wird zwar von »geistiger Suche« sprechen und geht dennoch 20 Jahre lang von einer Selbsterfahrungsgruppe in die andere, oder zehn Jahre in die Psychoanalyse, um in der Psyche herumzuwühlen, statt beispielsweise drei Monate lang eine *letzte Einsamkeit* mit sich selbst durchzuleiden und durchzustehen. Wer die Seele vernachlässigt, weil er keine echte Sehnsucht nach der Führung des Geistes hat, der wird im Körper gefangen oder so »durchgeistigt« sein, daß die Mitmenschen nicht unbedingt seine Nähe suchen werden. Und wer den Körper vernachlässigt, der hebt frühzeitig in den »Geist« ab, landet aber nur in der Psyche und er wird in der Seele gefangen bleiben (Psychoslang, Selbsterfahrungstrip).

Heutzutage kennt man auch die schlimmen Konsequenzen bei jenen Menschen, die im Körper gefangen sind, weil sie den Kontakt zu ihrer Seele und zu ihrem Geist verloren haben. Der extreme Körperkult der Bodybuilder, der in Deutschland 5500 eigene »Tempel« – sprich: Fitneßstudios – gebaut hat, produziert regelmäßig »Gefangene des Körpers«, deren Schicksal in nicht wenigen Fällen und nach relativ kurzer Zeit der Tod ist. Man erinnere sich an den Österreicher Andreas Münzer, der der Stolz aller Kraftsportler in Deutschland war: Er starb am 14. März 1996 in einem Münchner Klinikum 31jährig als *Gefangener des Körpers.* Die Gerichtsmediziner haben festgestellt,»daß eine langzeitige Vergiftung, besonders hervorgerufen durch Anabolika, zu einem Organverfall geführt hat. (...) Die Rechtsmediziner haben im toten Körper Spuren von Medikamenten festgestellt, für die keine Rezepte existieren. In mehreren Münchner Fitneßstudios, in denen Stoffdieler vermutet werden, führt die Krippo Razzien durch« – berichtete »Der Spiegel« (Nr. 17/22.4.1996, S. 153). Das Ideal des »Muskelmannes« führte den aus der Steiermark stammenden Bauernsohn auf einen Irrweg, dessen tragisches Ende der frühe Tod war. Münzer jagte einem Fantombild nach, nahm Aufputschmittel, um im Wettkampf zu gewinnen, und vergaß dabei seine eigene Seele. – Der übertriebene Körperkult, die Ideologie der Fitneßgesellschaft hat schon ihr erstes Dogma errichtet: Das Selbstwertgefühl hängt weitgehend vom Erscheinungsbild des Leibes ab, man muß also den Leib durchtrainieren, bis er so schön wird wie eine griechische Statue. Und wie jede Ideologie, produziert auch diese sinnlose Opfer und Tote.

Demgegenüber gilt: Die letzte Wirklichkeit des Menschen ist nicht der Leib, auch nicht die Psyche, (also die Seele, obzwar man sinnvoll von der »Unsterblichkeit der Seele« sprechen kann), sondern jener ewige, unzerstörbare, heile »Geistesfunke« (der heile geistige Personkern), um den herum (wie um eine in der Gottheit wurzelnden Mitte) alle Seelenkräfte und der Leib zentriert werden sollen. Das ist eine Hauptaufgabe des irdischen Lebens.

Im Evangelium nach Johannes steht geschrieben: »Das Wort – der Logos, der Geist – ist Fleisch – Körper – geworden und hat unter uns gewohnt« (Joh. 1,14). Dieser geheimnisvolle Satz einer alten Kunde führte zu einem langen dogmatischen Streit. Wäre es aber nicht angemessener zu sagen, daß die »Inkarnation des Erhabensten« ein Aufruf für die zu leistende Seelenarbeit (als Reise in die Seele und in den Körper) ist? »Das ist die Seelenarbeit: Nämlich das Wohnen des Geistes im Körper 30, 40, 70 Lebensjahre lang, das Horchen, Lernen und Warten, das Lieben und das Verlieren. (...) Das ist eine Lebensaufgabe, das geschieht weder in zehn noch in 20 Jahren. Obwohl es einen natürlichen Kampf dieser drei gegeneinander gibt – denn sie wollen einerseits unabhängig sein – sehnen sich andererseits Leib, Seele und Geist nacheinander und brauchen einander.«[16]

Diesem Ansatz gemäß zu leben, sich um die Dreieinheit der ineinandergreifenden Dimensionen – des Geistes, der Seele und des Leibes – zu kümmern, bedeutet:
- daß wir diesen dreien erlauben, einander zu lehren,
- daß wir ihre gegenseitige und notwendige Ergänzung zugestehen,
- daß wir sowohl auf die Sprache des Körpers als auch der Seele und des Geistes (im Gewissen) hinhören,
- daß wir in der Dreieinheit Leib-Seele-Geist nach Sinn und Werten suchen und demnach auch den »Sinnen des Körpers« die angemessene Rolle in der Erfahrung des »Logos« zuerkennen,
- daß wir eine Meditationsform suchen und praktizieren, welche leibliche, seelische und geistige Übungen in- und miteinander verbindet.

---
[16] Rohr, Masken des Maskulinen, München 1993, S. 59.

Menschsein auf Erden ist eine dynamische Einheit von Leib, Seele und Geist und des Menschen ursprüngliche Wirklichkeit ist mehr als seine leib-seelische Erscheinung. Der Mensch ist zugleich die Dreier-Einheit von Leib, Seele und Geist – unter der Führung des Geistigen. Die immer tiefere und harmonischere Verbindung des Innen mit dem Außen ist jene Aufgabe, welche jeden nach dem Logos strebenden Menschen unvermeidlich herausfordert.

Und deshalb ist der Weg zum Geistigen mühsam.

2. Der Innere Weg zum Geistigen oder: »Jeder hat sein Auschwitz« (Frankl)

Auschwitz: ein existentielles Symbol

Am 15. März 1995, kurz vor seinem 90. Geburtstag, wurde Viktor *Frankl* (1905–1997), der Begründer der Logotherapie mit dem »Großen Goldenen Ehrenzeichen mit dem Stern für Verdienste um die Republik Österreich« vom österreichischen Bundespräsidenten Dr. Thomas Klestil ausgezeichnet. In seiner Laudatio hat Dr. Klestil u.a. folgendes gesagt:

»Ich gehöre zu jenen Österreichern, die Sie, lieber Prof. Frankl, und Ihr Wirken, aber auch Ihre legendäre Ausstrahlung schon seit Jahrzehnten beobachten konnten – vor allem durch meine frühere Tätigkeit in Kalifornien, in New York und Washington. Ich habe mich damals – im Wissen um Ihre auch bittere österreichische Lebensgeschichte – oft gefragt, wo Ihre enorme Kraft und Menschenliebe wachsen konnte. Und wie es möglich wurde, daß gerade Sie in unserer Zeit der Depressionen, der Aggressionen und der Flucht so vieler jungen Menschen in die Welt der Drogen weltweit zu einem unübersehbaren Leuchtturm der Zuversicht und des Lebenssinns wurden. Die Antwort auf diese Frage habe ich später bei Ihnen selbst gefunden. Sie sind ja überzeugt davon, daß zwar jeder von uns reifen und wachsen kann – daß wir es aber im Leiden letztlich sogar leichter haben, über uns selbst hinauszuwachsen. Sie sind durch die extremste Trostlosigkeit und Hoffnungslosigkeit gegangen, die dieses Jahrhundert kannte. Und Sie haben wie kein anderer gerade dort – in den Konzentrationslagern des Nationalsozialismus, der Ihnen auch die Familie raubte – die Unersetzlichkeit von Trost und Hoffnung entdeckt – und die Erfahrung, *daß jedes menschliche Leben seinen unzerstörbaren Sinn hat*« (Journal des Viktor-Frankl-Instituts Nr. 1/1995, S.117–118).

Zu dieser inneren Gewißheit muß sich ein Mensch durchringen, denn sie stellt sich nicht von selbst ein. Etwa ein Jahr zuvor stellte Dr. Elisabeth Lukas an Prof. Frankl eine Frage, welche das gleiche Staunen verrät, wie es in der Laudatio zu spüren ist. Sie sagte:

»Professor Frankl, Sie sind so glaubwürdig durch das, was Sie selbst gelebt haben, speziell durch die Zeit im Konzentrationslager, und wie Sie ohne Haß und versöhnt herausgekommen sind. Ihnen nimmt man ab, daß das gelingen kann, daß man innerlich-seelisch heil bleiben kann unter den schwierigsten Lebensbedingungen. Aber wie sollen Ihre Schüler das glaubhaft machen, die ja nicht alle durch ein Konzentrationslager gehen können?«

Und Frankl antwortete kurz, lapidar: »Ah, wissen Sie Frau Dr. Lukas, jeder hat sein Auschwitz.«

Der Sinn dieses Satzes beschäftigt mich, ihm will ich in der folgenden Betrachtung nachgehen. Zunächst einige Vorbemerkungen: Den Heroismus und die hohe Menschlichkeit, die Frankl kennzeichnen, hat er in *seiner* individuellen Art und Weise, auf seinem persönlichen Lebensweg, der ja *sein* Weg war, erreicht. Der innere Weg zu den Höhen des Geistigen führte bei ihm (auch und gerade äußerlich gesehen) durch höllisch-dunkle Strecken – durch Auschwitz, Dachau, Theresienstadt. Solche extremen Wege zu gehen, ist nicht jedermanns Sache, wie auch nicht jeder denselben Heroismus leben kann. Hinzu kommen bei Frankl Erfahrungen der schweren Enttäuschung, die er mit Menschen erleben mußte, denen er zunächst voll vertraut hatte, und die später sein Vertrauen mißbraucht haben. In dem Satz »jeder hat sein Auschwitz« ist m.E. symbolisch jener Sachverhalt ausgedrückt, daß es dem Einzelindividuum nicht erspart bleibt, die eigene (selbstproduzierte oder von außen her auf ihn zukommende) Dunkelheit und Wüste, die eigene Durststrecke und seine Depressionen durchzuhalten, vorausgesetzt, daß er nach oben strebt und nicht, bloß vegetierend, stehenbleiben will.

»Auschwitz« ist ein starkes Symbol dafür, was uns an Leid *von außen her,* von anderen Mitmenschen her zugefügt wird. Gefolterte und in kriegerischen Gebieten gequälte Menschen erleben heute ihr Auschwitz. *Von innen her* erlebt der Mensch sein Auschwitz, wenn er die eigene Dunkelheit und Bedrängnis, die eigene Zerrissenheit und Unklarheit realisiert: Was er freilich nie realisieren könnte, wenn er nicht *zuvor* und zutiefst »das Licht des Logos« in sich selbst tragen würde. Im »inneren Auschwitz« sind wir konfrontiert mit dem Tod (Sterbeerfahrungen mitten im Leben), und mit der Verwirrung, die daraus entsteht, daß wir oft nicht wissen – *wer* wir sind. Die nun folgenden, in *Ich-Form* gestellten Fragen können eine Hilfestellung bieten:

Bin ich selbst jener Mensch, der ich sein könnte und sollte – gemäß dem geistigen Funken, der in mir angelegt ist? Bin ich auf der Suche nach dem Sinn *meines* Daseins? Suche ich ihn in spektakulären Ereignissen? – Ich persönlich zweifle nicht daran, daß Antworten, die auf diese Fragen in der abendländischen Tradition (in der Theologie, in der Philosophie, in der Logotherapie usw.) gegeben worden sind, gewiß nicht ohne weiteres ignoriert werden dürfen. Frankl hat selbst *geistige Lehrer* (Scheler, Jaspers, Heidegger, Gabriel Marcel) gehabt, über die er mit *Dankbarkeit* schreibt.[17] Er hat von diesen Philosophen einiges gelernt, um dann das Angeeignete und Verinnerlichte in *eigenständiger Weise* umzusetzen.

Damit frühere Antworten anderer *mir* wirklich nützen, muß *ich selbst* auf dem Weg zum Geistigen, suchend und findend, meditierend und handelnd, vorwärts schreiten. Dort, in mir selbst geschieht das unerhörteste menschliche Abenteuer, und dort in den Tiefen und Höhen meiner Selbst kann ein »Feuer« entstehen, das nie verlöscht. »Nicht eher findest *du deinen inneren Frieden,* als bis du gelernt hast, auch auf *deine* Art zu fragen!« – so habe ich einmal in dem Buch eines geistigen Lehrers gelesen.[18] Freilich sind die Arten und Weisen des Fragens, des Herumspekulierens, des »Danebenphilosophierens« über das Wesentliche dieses Lebens fast endlos, und erst nach langen Kreisen um sich selbst merkt der Mensch, daß er falsch gefragt hat. Etwa, wie jene Frau, die nach einem Vortrag über Ackerbau und Viehzucht folgende Frage stellte:

»Entschuldigen Sie, mein Herr, ich stimme hierin mit Ihnen völlig überein, daß der beste Dung alter Pferdemist ist. Würden Sie uns aber bitte noch sagen, wie alt genau die Pferde sein müssen?«[19] Der Holzweg dieser Art des Fragens ist zum Glück – in nicht wenigen Fällen – der Anstoß, aus der Vergeblichkeit des Um-sich-selber-Kreisens auszubrechen. So tat eine Ehefrau, die sich jahre

---

[17] Vg. V. E. Frankl, Was nicht in meinen Büchern steht. Lebenserinnerungen, München 1995, S. 91f.
[18] Bô Yin Râ, Der Sinn des Daseins, Bern 1981, S. 28.
[19] Anthony de Mello, Der springende Punkt, Freiburg 1992, S. 30.

gefragt und damit selbst geplagt hatte: »Warum läßt mich bloß mein Mann links liegen? Warum begehrt er mich nicht mehr?« Es kam der Zeitpunkt, wo sie nicht mehr jammerte, weil sie *eigene* Wege ging. Oder: »Wieso bin ich, obzwar schon Mitte vierzig, immer noch so furchtbar abhängig von meinem Vater? Warum zählt sein Urteil oder schon seine nur nebenbei ausgesprochene Meinung so viel?« Auch die so fragende Person fand irgendwann *ihre* Antwort. Werden wir nicht erinnert an jene Anregung, die Frankl (sinngemäß) so ausdrückt: Nicht der Mensch hat das Leben zu befragen, sondern das (sein) Leben stellt ihm ständig Fragen, die er beantwortet, indem er sein Leben ver-antwortet?

Man muß die eigene Einmaligkeit und Einzigartigkeit immer wieder erspüren lernen. Dazu ist *Meditation* hilfreich. *Fühlend zu ertasten* und *ertastend zu fühlen,* versuche ich folgende Worte eines Erleuchteten zu lesen und zu meditieren:

»Für *Dich* bist Du als ›Ich‹ der Mittelpunkt der Welt. (...) Ich möchte Dir zum Bewußtsein bringen, daß *Du der einzigartige Mittelpunkt* eines *Ganzen* bist, das nur aus einzigartigen ›Mittelpunkten‹ gebildet ist, und, da es ein *Unendliches,* wenn auch nicht Un-Begrenztes ist, an *jeder Stelle* seinen ›Mittelpunkt‹ besitzt. (...) Jeder Mittelpunkt aber ist sich selbst hier ›Ich‹ und jeder andere Mittelpunkt ist für ihn ›Du‹. – Willst Du Dein Mittelpunkt-Glück Dir schaffen, so mußt Du diese Gegebenheit *im Auge behalten,* und mußt die geheimen Beziehungen zu finden suchen, die zwischen ›*Ich*‹ und ›*Du*‹ obwalten. Diese Beziehungen sind stets fluktuierend und in jedem Augenblick anders zu beurteilen.«[20]

---

[20] Bô Yin Râ, Das Buch vom Glück, Bern 1988, S. 18f.

Wie das unendliche, im Rhythmus der Ebbe und der Flut sich bewegende Meer, so bin ich mir selbst in meinem »Ich« im Werden aufgegeben: Heute gedrückt und betrübt, wenn er oder sie (der andere als »Du«, wer auch immer) Angst und Zorn zeigt; morgen hochjubelnd und froh, wenn der andere zuversichtlich und friedlich auf mich zukommt, oder wenn ich eine Arbeit gut abgeschlossen habe.

Hin- und herfluktuierende, innerseelische, emotionalgefühlsmäßige Auf-und-Ab-Bewegungen in meinem Beziehungsgeflecht, die mich beglücken oder bedrücken (...) ist das der Weg zum Geistigen? Ist das mein wahres ursprüngliches Ich?

Drei Ziele auf dem Weg zum Geistigen

Der Anfang des Weges zum Geistigen (zum Logos, zur »inneren Lichtsphäre des reinen Geistes«) beginnt, so habe ich erkannt, im Alltag: Er ist inmitten des Alltags zu suchen und zu finden, und führt durch den Alltag hindurch in die höheren Sphären des Geistigen, wenn ich die Alltagsrealität – im räumlichen und zeitlichen Sinne des Wortes – ausschreite.

Das Gut seiner Seelenkräfte muß der Mensch durch Wirken und Walten im Alltag vermehren. Die Seele ist (noch im hohen Alter) des Wachstums fähig und immer ist die seelisch-geistige Empfindungsfähigkeit, wodurch ein Mensch die »Schwingungen des Göttlichen« empfangen kann, zu schulen. Man sagt in der Logotherapie: Das Noch-Werdbare kann/soll gestaltet, geformt, kunstvoll-harmonisch gebündelt werden im Hinblick auf jenen Logos, der mich in meiner Einzigartigkeit angeht. Es hat einen Sinn, alle irdischen Wegstationen – gestern, heute und morgen – allmählich zu durchschreiten, um so in sich selbst immer mehr Stufen des Geistigen zu erschließen bzw. erlebend zu verinnerlichen. Das ist ein Weg der Verinnerlichung, die aber durch Hingabe an eine Aufgabe nach außen vollzogen wird. So erfolgt mit der Zeit jene innere Ruhe des Gewissens, die als Frucht der Pflichterfüllung im Alltag in uns selbst spürbar heranreift.

Im geschehenden Erleben durchwandere ich die Wegstationen zum Geistigen. Freilich sollte man sich da nicht starr und eng bestimmte »lehrplanmäßige Stufen« vorstellen. Immer schon reicht der irdische Lebensweg in das Reich des reinen Geistes hinein, (Frankl spricht davon, der Geist sei unzeugbar und nicht sterblich), aber nicht immer ist das dem Menschen bewußt. Er muß durch einen Wachstumsprozeß hindurch, der dynamisch, individuell verschieden, *seiner Art entsprechend* gestaltet wird – *durch ihn selbst,* wobei er auch die ihm fremden Kräfte und Einwirkungen mitgestalten und formen muß. Dabei kommt es primär auf die Verfeinerung des Gewissens (als »Sinn-Organ« – Frankl) an und darauf, daß wir in uns selbst die Herausbildung einer sinnvitalen Persönlichkeit fördern, so daß wir hellhörig genug sind, »um die jeder einzelnen Situation innewohnende Forderung herauszuhören. In einem Zeitalter, in dem die Zehn Gebote für viele ihre Geltung zu verlieren scheinen, muß der Mensch instand gesetzt werden, die 10.000 Gebote zu vernehmen, die in den 10.000 Situationen verschlüsselt sind, mit denen sein Leben ihn konfrontiert. Dann wird ihm nicht nur eben dieses sein Leben sinnvoll (und *sinnvoll* heißt voller *Aufgaben)* erscheinen, sondern er selbst wird dann auch immunisiert sein gegenüber Konformismus und Totalitarismus. (...) So oder so: mehr denn je ist

Erziehung – Erziehung zur Verantwortung. Wenn der Mensch in einer Gesellschaft des Überflusses und der Reizüberflutung bestehen will, muß er wissen, was wichtig ist und was nicht, was wesentlich ist und was nicht, mit einem Wort: was Sinn hat und was nicht.«[21]

Die inhaltliche Seite der (Selbst-)Erziehung zur Verantwortung ist m.E. die Erkenntnis des (geistig) Wert-und Sinnvollen, wobei oft viele »materielle Einzelheiten« zu berücksichtigen sind. Ein Beispiel dazu: Der Überfluß an Geld und Freizeit kann viele Menschen anspornen, sich für ein soziales Projekt zu engagieren, das eben freiwillige persönlich-moralische und finanzielle Unterstützung braucht. Oder: Mir ist eine pensionierte Frau bekannt, die in ihrer Freizeit Philosophie-Kurse an der Universität belegt, weil: »lieber bilde ich meinen Geist, als mit depressiven Nachbarinnen, die nichts mehr von der Welt wissen wollen, nur Kuchen zu essen, Kaffee zu trinken und über Unsinn zu reden.« – Halten wir fest, daß der Einstieg ins Geistige mitten im Alltagsleben beginnt. Ein erstes Ziel dabei ist: Jene innere Ruhe des sicheren Gewissens, die als Fnicht der Pflichterfüllung im Alltag in uns selbst spürbar heranreift.

Das zweite Ziel auf diesem Weg erreicht ein Mensch dann, wenn er *in seinem Wirkungsbereich und über die Alltagspflichten hinaus* noch andere Aufgaben erkennt, »die zwar im Alltag nicht als ›Pflichten‹ gelten, aber dann als solche *empfunden* werden.«[22] Es versteht sich von selbst, daß für jeden einzelnen sich diese weiteren Pflichten und Aufgaben in je *anderer* Gestalt zeigen wer-

---

[21] V. E. Frankl, Der unbewußte Gott, München 1988, S. 86.
[22] Bô Yin Râ, Das Geheimnis, Bern 1982, S. 217.

den. – Kürzlich hat mich ein Telefonanruf erreicht, und ich bekam von einer 35jährigen Kindergärtnerin folgendes zu hören: »Wir sind seit über drei Jahren getrennt, aber gestern abend sind wir zusammengekommen, weil unsere 9jährige Tochter in einer Ballettgruppe aufgetreten ist. Wir saßen nebeneinander, unser kleiner Sohn dazwischen, und ich spürte, daß wir als Elterpaar eine gemeinsame Aufgabe haben. Das Miteinander als Ehepaar will uns nicht gelingen, obwohl wir es oft genug probiert haben und zeitweise auch glücklich miteinander waren. Irgendwie hemmen wir uns gegenseitig. Trotzdem bin ich ein Stück weit froh, daß mein Mann sich in der Erziehung so engagiert. Eine Freundin von mir wurde von ihrem Freund sofort verlassen, als sie schwanger wurde. Er zahlt zwar für das Kind, aber er läßt sich nicht blicken. Im Vergleich zu ihr geht es mir eigentlich recht gut und ich finde es also schön, daß ich und mein Ex-Mann als Eltern gemeinsam für die Kinder Sorge tragen. Freilich habe ich Phasen, wo mir die Haltung, das Leben so annehmen zu können wie es ist, fehlt. Dann weiß ich, daß ich überhaupt nicht gelassen bin. Nicht einmal zum Lesen kann ich mich sammeln. *Es denkt* ständig in meinem Kopf, was ich alles machen sollte oder könnte. Aber so sind oft die Stimmungen in mir, die kommen und gehen.« Die Stimme der Anruferin verriet auch Trauer. Verständlicherweise wünschte sie sich, mit ihrem Ex-Mann (eigentlich: getrennt lebender Ehemann, da sie zum Zeitpunkt des Anrufes noch nicht geschieden waren) zusammenzuleben, wie am Anfang der großen Liebesbeziehung. – Was mir aus diesem Gespräch wichtig schien, ist der Umstand, daß zwei Menschen – eine Frau und ein Mann –, *trotz Trennung,* zusammen und gemeinsam die erzieherischen Aufgaben für die Kinder wahrnehmen. Ein solches Zusammenwirken ist nach erfolgter Trennung oder Scheidung *nicht* unbedingt *selbstverständlich* (was ist schon in dieser Welt selbstverständlich?). Beide haben mit sich selbst zu ringen. Er muß sich dahingehend durchringen, daß er nicht alles seiner Frau überläßt. Der Mann in diesem Beispiel kümmert sich, wie ich hörte, über die Zahlungspflicht hinaus »rührend um die Kinder«, indem er sie zwei Mal im Monat am Wochenende zu sich nimmt – und noch einiges mehr. Nicht jeder nimmt solche Sinnanrufe der Alltagsrealität wahr. Nicht jeder Mann ist bereit, nach erfolgter Trennung oder Scheidung, den *guten Kontakt* zur Frau und zur Mutter der Kinder zu suchen und zu pflegen. Nicht jede Frau hat die innere Bereitschaft, dem Mann (dem Vater) einen guten Zugang zu den Kindern zu ermöglichen. Und doch verbirgt sich in allen Lebenssituationen – auch in den Schmerzen nach einer Trennung oder Scheidung – jene Sinngestalt, die in Exklusivität *mich/uns* als *Eltern-Paar* angeht und anruft, wenn *ich/wir* nur *meine/unsere geistige Wahrnehmungsfähigkeit* »auf Empfang« halte/halten.

Die über die Alltagspflichten hinausgehenden Aufgaben zu erkennen, ist die eigene Leistung (wohl auch Verdienst) des Menschen. Einer wird sich, zum Beispiel, für ältere und betagte Menschen kümmern, weil er darin *für sich selbst* eine Aufgabe erkennt. Ein zweiter wird sich in der kommunalen Politik engagieren und sich für mehr Gerechtigkeit oder Umweltschutz einsetzen. Ein dritter wird erkennen, daß Geld und Statussymbole zwar wichtig, aber nicht ausreichend für ein humanes Leben sind, und so wird er sich bewußt um eine *Kultur der Zärtlichkeit* bemühen. Ein vierter erlebt in einem Moment der Gnade, daß seine Pensionierung nicht in das »gesellschaftliche Nichts«, sondern in das »Geschäft der Theologie und Philosophie« hineinführt, weil er nun plötzlich viel Zeit hat, alten, von der Hektik der 40 Jahre langen Berufstätigkeit verdrängten Interessen nachzugehen. Mir ist – fünftens – eine pensionierte Hochschulprofessorin bekannt, die sich im Rahmen der Hospizbewegung für sterbende Menschen einsetzt. Sie scheut keine Mühe und keine Ausbildung, um sich weitere Kompetenzen zu erwerben.

Auch im Hinblick auf diese höhere und selbstgewählte Pflichterfüllung (als ein zweites Ziel) gilt: Mit der Zeit *stellt sich die Ruhe und der Frieden des sicheren Gewissens ein,* und das ist ein Zeichen, daß man auf dem guten Weg zu den höheren Sphären des Geistigen voranschreitet.

Versuchen wir, uns einen Wesenszug der logotherapeutischen Anthropologie zu vergegenwärtigen, um dann das dritte Ziel genauer erfassen zu können. Wer ist der Mensch? Er ist *Einheit in der Vielfalt, ein multidimensionales geistiges Wesen.* Es schlummern in ihm mannigfaltige (Seelen-)Kräfte, die alle eigenwillige Strebungen haben (Zorn, Aggression, Angst, Neid, Eifersucht usw.). Sie bedürfen einer *harmonischen Bündelung* durch den individuellen geistigen Willen, durch das gestaltende geistige Ich.[23] Zugleich hat der Mensch – so Viktor Frankl – viele Gemeinsamkeiten mit dem Tier, und zur Verdeutlichung benützt er folgendes Bild: »Ein Flugzeug hört nicht auf, genauso wie ein Auto auf dem Flughafengelände, also in der Ebene umherfahren zu können; aber als ein wirkliches Flugzeug wird es sich erst dann erweisen, wenn es sich in die Lüfte, also in den dreidimensionalen Raum erhebt. Genauso ist der Mensch auch ein Tier, aber auch

---

[23] Vgl. E. Lukas, Psychologische Vorsorge, Freiburg 1989, S. 46.

(...) um eine ganze Dimension mehr als ein Tier, nämlich (um) die Dimension der Freiheit. Die Freiheit des Menschen ist selbstverständlich nicht eine Freiheit von Bedingungen, (...) nicht eine Freiheit von etwas, sondern eine Freiheit zu etwas, nämlich die Freiheit zu einer Stellungnahme gegenüber all den Bedingungen. Und so wird sich denn auch ein Mensch erst dann als ein wirklicher Mensch erweisen, wenn er sich in die Dimension der Freiheit aufschwingt.«[24]

Wenden wir diese logotherapeutische Einsicht auf das dritte zu erreichende Ziel des inneren Weges zum Geistigen an, so ergibt sich, daß der Mensch seine »Freiheit zu etwas« auch im eigenen Innenraum, gegenüber der chaotischen Psyche einsetzen kann und soll, um dein hämischen Trieb des Grübelns über die Fehler und Mängel der Mitmenschen Widerstand zu leisten.

Ich spreche an dieser Stelle wirklich als ein »Kenner dieser Sache«. Warum hat er oder sie dies und jenes getan? Warum zieht er sich zurück? Warum liebt er/sie mich nicht mehr, so wie ich es mir wünsche? Warum wird jede gute Absicht von mir mißdeutet? Warum sind auch die anderen nicht so »Idealisten« wie ich? ... Tausendfältige Fragespiele und Trugbilder des eigenen *Ego* (des »Gehirn-Denkens«) quälen uns in dieser oder anderen Form. Wir fixieren den Blick auf die Fehler und Mängel der Mitmenschen, damit wir die eigenen Fehler besser vergessen können. Doch Achtung (!): Nicht sollte man hier meinen, daß die ständige Betrachtung meiner eigenen Fehler ein unbedingt anzustrebendes Ziel wäre, – nein! Vielmehr handelt es sich um die *bewußte geistige Umlenkung der Auftnerksamkeit* auf das, was Leben

---

[24] V. E. Frankl, Ärztliche Seelsorge, Frankfurt/M 1987, S. 13f.

wirklich fördert. Logotherapeutisch gesprochen: *Selbsttranszendenz und Dereflexion* sind angesagt. Jeder wird in sich selbst spüren können, was seine Integrität und innere Klarheit, seinen Seelenfrieden und seine psychische Gesundheit gefährdet. Gewiß werden wir Erschütterungen durchleben müssen, denn anscheinend des Menschen Schicksal ist es, durch Läuterungen und Erschütterungen immer mehr zur Wirklichkeit aufzuwachen. Ein geistlicher Autor schreibt sehr zutreffend: »Ein Neurotiker ist jemand, der sich über etwas Sorgen macht, das in der Vergangenheit nicht geschehen ist. Anders als *wir normalen Menschen* (Hervorhebung – O.Zs.), die sich über etwas Sorgen machen, das in Zukunft nicht geschehen wird.«[25] Wenn diese humorvolle Einsicht durch Selbstbeobachtung jemanden wirklich erschüttert, dann hat er schon gewonnen.

Die Vereinigung der Seelenkräfte auf ein Sinn-Ziel hin, die *harmonische Bündelung der auseinanderstrebenden Kräfte in uns selbst* ähnelt dem kunstvollen Spiel eines Oboisten im Orchester. Die Oboe muß sich selbst, die ihr vom Komponisten her zugedachte Melodie spielen – eingebunden in das *Gesamtgefüge des Orchesters* und unter der *Leitung des Dirigenten.* Nicht auszudenken, was passieren würde, wenn der Oboist mitten im Konzert ein anderes Instrument (die Klarinette z.B.) nachahmen oder eine andere Melodie spielen würde. Was besagt dieses Bild? In der Mannigfaltigkeit der menschlichen Kräfte ist das *geistig-personale Ich* jener Dirigent, der darauf achtet, daß das (Zusammen-)Spiel der Kräfte *harmonisch* wird. Doch auch der Dirigent *orientiert sich an die* (vom Komponisten erstellte und somit vorgegebene) *Partitur*

---

[25] Anthony de Mello, Der springende Punkt, Freiburg 1992, S. 115.

(das wäre der *transsubjektive,* nicht willkürlich-subjektivistisch machbare und somit ebenfalls vorgegebene *Logos);* darüberhinaus aber vertraut der Dirigent seiner eigenen, persönlichen (Hör-)Fähigkeit, die verinnerlichte Partitur musikalisch wiedergeben zu können. Die Fähigkeit wäre, um wiederum bildhaft zu sprechen, das Gewissen des Menschen, das im *Innersten Inneren* horcht und abhört, was von außen her (in einer konkreten Situation) als Anruf des Logos an den Menschen herankommt.

Etwa in dieser – fragmenthaft skizzierten – Form schreitet der Mensch in seinem Alltag auf dem Weg zum Geistigen vorwärts, ohne daß ihm jemand hundertprozentig garantieren könnte, daß sein Weg immer hell und harmonisch bleibt; denn »jeder hat *sein* Auschwitz«.

»Moll- und Dur-Tonarten« werden sich immer wieder abwechseln und miteinander vermengen. Vermutlich nicht nur einmal und noch im hohen Alter wird die *Dunkelheit des Auschwitz-Symbols* »Töne der Verzweiflung« in uns hervorrufen. Eine letzte Einsamkeit wird für eine kürzere oder längere Zeit unsere Seele öfters quälen, doch gerade dann, wenn wir das Erlittene verwandelt haben, bahnt sich die Gewißheit an, daß die Stunde naht, in der wir uns »in die Lüfte erheben«.

3. KRITISCHE BEMERKUNGEN ZU EINEM BUCH ÜBER VIKTOR E. FRANKL
(Alfried Längle, Viktor Frankl. Ein Porträt, München: Piper Verlag 1998)

Jedes Buch hat seine Geschichte, so auch dieses. Ein biographisches Buch hat eine besondere Geschichte, da der Biograph in der Darstellung auch *seine* Beziehung zur Person, über die er schreibt, mit hineinnimmt. Ich habe Längles Frankl-Porträt gelesen, aufmerksam gelesen, und dann dachte ich: Man hätte ein solches Buch besser schreiben können/sollen. Nicht, weil Frankl ein Heiliger war, ohne Schatten und Mängel, auch nicht, um Frankl als über jede Kritik erhaben zu präsentieren, sondern weil seine Persönlichkeit und Lebensgeschichte, seine Bemühungen um die Rehumanisierung der Psychotherapie und die von ihm kreierte Logotherapie überhaupt so viel *Licht* und bleibende *Werte* beinhalten, daß man es nicht nötig hat, sich der zweideutigen Interpretationen, manchmal der Lüge, der Schönfärberei und der Ambivalenz zu verschreiben. In meiner Kritik werde ich mich nur auf einige Aspekte dieser Biographie beschränken. Vor allem interessiert mich, *was Längle zur Logotherapie und Existenzanalyse und zu ihrer Weiterentwicklung schreibt*. Das Frankl-Porträt von Längle, das soll von vornherein gesagt werden, ist deshalb lesenswert, weil Längles Bemühungen den Kenner der Logotherapie und der Persönlichkeit ihres Gründers anregen wird, sich viel tiefer und gründlicher dem Thema der *sinnorientierten Therapie vom Geistigen her* zu widmen. Denn das ambivalente Verhältnis *Längles* zu Frankl (somit auch zur *Logotherapie*) ist in dem Buch nicht zu übersehen. Diese Ambivalenz wirft seine Schatten auf das Porträt, das Längle zu malen verspricht mit den Worten:

»Dieses Buch will ein lebendiges und lebensnahes Buch sein. Es möchte dem Leser Anregungen für sein eigenes Leben geben. Darum werden die Lehre und das Leben Frankls so dargestellt, daß der Geist, der Frankls Wirken durchzieht, spürbar wird. – So, hoffe ich, wird dieses Buch zu einer Begegnung mit der Person Viktor Frankls führen.«[26]

Gleich dazu muß ich anmerken, daß ich Professor Frankl zwar öfters in Vorträgen erlebt, aber nur ein Mal mit ihm persönlich gesprochen habe (im September 1994 in Wien). Das dreistündige Gespräch, bei dem auch Frau Frankl anwesend war, gehört zu den auserwählten, geschenkhaften Ereignissen meines Lebens. Zugleich will ich damit sagen, daß ich aus der einmaligen persönlichen Begegnung mit Professor Frankl natürlich nicht das beurteilen kann, was Herr Längle über *seine* Begegnungen mit Viktor Frankl berichtet. Dies zu tun, ist m.E. die Sache jener, die den Menschen Viktor Frankl wirklich gut gekannt haben. In einer Kritik zu Längles Buch, die der Schwiegersohn von Frankl, Dr. Franz *Vesely* verfasst hat, steht u.a. zu lesen: »Ich habe Viktor Frankl gut gekannt. In diesem Buch finde ich ihn nicht wieder.«[27] Dieser lapidare Schlußsatz gibt zu denken.

---

[26] Alfried Längle, Viktor Frankl. Ein Porträt, München–Zürich: Piper Verlag 1998, S. 12.

[27] Franz Vesely, Bemerkungen zu Alfried Längles Buch »Viktor Frankl – Leben und Wirkung« in: Journal des Viktor-Frankl-Instituts 2/1998, S. 110.

Meine Aufgabe sehe ich darin, zur *Sache* der Logotherapie, wie sie in Längles Buch zur Sprache gebracht wird, Kritisches zu formulieren.

Der Autor des hier zu besprechenden Buches, Dr. med. und Dr. phil. Alfried Längle (geb. 1951) ist Arzt, Klinischer Psychologe und Psychotherapeut mit eigener Praxis in Wien. Außerdem ist er Vorsitzender der Internationalen Gesellschaft für Logotherapie und Existenzanalyse mit Sitz in Wien. Er »hielt sich in den Achzigerjahren in Viktor Frankls engerem Kreis auf, [etwa 1982–1991] und so müßte er eigentlich viel über Frankls Person und Werk wissen« (Franz Vesely), und er hätte eigentlich – auf das Ganze gesehen – ein besseres Buch schreiben können, obwohl man zugleich feststellen muß, daß dieses Buch *auch gelungene* Teile beinhaltet. Herr Längle war einige Jahre Schüler und wohl auch Intimus von Viktor Frankl – bis zu einem gewissen Zeitpunkt. Über diese Intimität schreibt er z.B. auf den Seiten 171–176. Da heißt es: »Wir waren in den Jahren 1982 bis 1991 in Kontakt und hatten zwischen 1983 und 1990 praktisch täglich miteinander zu tun. ... Wir besprachen alle Belange der Logotherapie, der Korrespondenz, der Entscheidungen, der Ausbildung und der Publikationen miteinander ... Wir sprachen oft über uns, über unsere persönlichen Empfindungen, Haltungen, Gedanken und Gefühle« (S. 172). Und dann kommt eine lange Begründung, wieso und warum Frankl Angst vor Gefühlen und Emotionalität hatte, – wobei dieses Thema immer wieder aufgegriffen wird, – und ich merke bei der Lektüre dieser Seiten (S. 175–178), daß Herr Längle im Grunde nach einem »Mangel«, nach einem »Defekt« in Frankls Persönlichkeit sucht, um dann sinngemäß sagen zu können: »Sieht, dieser Mangel der Logotherapie, nämlich die Bedeutung der Gefühle und der Emotionen für die Therapie vernachlässigt zu haben, wurzelt in Frankls Persönlichkeit, und ich Alfried Längle bringe nun die notwendige Korrektur der Logotherapie«. So wörtlich schreibt Herr Längle natürlich nicht, aber er sagt:

»Mit seiner Lebenshaltung kam Frankl durchaus auch in Widerspruch zu seiner Theorie, wenn er etwa Blaise Pascal zitierte mit dem Satz ›Das Herz hat Gründe, die der Verstand nicht kennt‹. Frei übersetzt hat es Frankl einmal mit: ›das Gefühl kann viel feinfühliger sein als der Verstand scharfsinnig‹. Er spricht damit die ›Weisheit des Herzens‹ (Psalm 89) an, welche die Wissenschaft übersteigt. Sie allein ist imstande, sich dem umfassenden Sinn (›Übersinn‹) – Gott – zu nähern. Das Geistige ist bei Frankl und Max Scheler nicht identisch mit dem Intellektuellen und mit dem Verstand, ist eben nicht Ratio, sondern Eros, Pathos und intuitiv empfundenes, unbewußtes Ethos. So ist der *Nous*, die geistige Dimension des Menschen, eine zuvorderst liebende Fähigkeit in ihrem vernehmenden Akt. Er hat im Grunde eine emotionale Dimension. Diese theoretische Position Frankls (und Schelers) ist in der Praxis der Logotherapie aber unter dem Einfluß seiner Persönlichkeit (und dem des Zeitgeistes) mehr in den Bereich des Verstandes und des Bewußtseins verschoben worden. Der Nous sollte durch Argumente und Überzeugung angesprochen werden, Gefühle spielten keine wirkliche Rolle. An dieser Stelle haben wir in der Weiterentwicklung der Existenzanalyse daher eine Korrektur entsprechend der ursprünglichen, theoretischen Anlage der Existenzanalyse vorgenommen« (S. 177f.).

Also einerseits gibt Herr Längle zu, daß Frankl dem Gefühl seinen Platz einräumt – »*das Gefühl kann viel feinfühliger sein als der Verstand scharfsinnig*« –, andererseits aber sagt er: »wir haben eine Korrektur vorgenommen«. Wir: das ist natürlich Herr Längle. Darauf will Herr Längle hinaus: daß er eine *angeblich* notwendige Korrektur gebracht hat, die den Namen »Personale Existenzanalyse« (nach Längle) trägt. Und genau an diesem Punkt distanzierte sich Frankl von Längle, *nachdem* Längle sich von Frankl distanziert hat.

Oder später heißt es in einer anderen Variation: »Eine besondere Rolle in der Entwicklung und Ausgestaltung der Logotherapie spielte Frankls Verhältnis zur Emotionalität. (...) Frankl war bemüht, eine Distanz zu den Gefühlen zu erreichen. Ihm ging es um geistige Immunität, um gegen Gefühle der Verzweiflung und Depression antreten zu können und nicht von ihnen überwältigt zu werden. Diese Distanz zur Emotionalität und Frankls persönliche Schwierigkeit eines ungezwungenen und offenen Umgangs mit seinen Gefühlen prägten meines Erachtens die Logotherapie in besonderem Maße. Denken und Argumentieren, Wille und Entscheidung, Ethik und Verantwortung sowie Fragen der Weltanschauung treten dadurch mehr in den Vordergrund. Die Distanz zur Emotionalität ist aber nicht nur für die Wahl der Inhalte von maßgeblichem Einfluß gewesen, sondern auch und vor allem in ihrer Beschreibung und in der Ausgestaltung der methodischen Zugänge.«[28] Ein paar Zeilen weiter heißt es: »Trotz der Distanz zur Emotionalität im persönlichen Leben und ihrer Ausklammerung in der Logotherapie

---

[28] A. Längle 1998, S. 260f.

kann aber das *starke Mitgefühl* nicht übersehen werden, das Frankl für den leidenden Menschen hatte.«[29]

Doch Längle zufolge reicht das nicht aus, um eine Psychotherapie im »wissenschaftlichen« Sinn zu begründen. Dazu gehöre nämlich die Bearbeitung der Emotionalität, der Psychodynamik und der Triebhaftigkeit, der Bedürfnisse und der Sehnsüchte, der Lebensgeschichte und der Verletzungen – und natürlich eine Unmenge von Selbsterfahrung. An sich betrachtet, sind diese »Forderungen« legitim und nichts Neues. Außerdem werden sie, wenn auch anders akzentuiert, in der aktuellen Weiterentwicklung der Logotherapie – z.B. durch E. Lukas, U. Böschemeyer und W. Kurz – seit mindestens 1985 berücksichtigt,[30] aber so, daß die anthropologischen Fundamente nicht verlassen werden.

Als Längle Ende der achziger Jahren begann, sich von Frankl und der Logotherapie zu distanzieren, war schon ein von Professor Frankl selbst abgesegnetes *Konzept der Selbsterfahrung auf logotherapeutischer Basis* von Dr. Elisabeth *Lukas* ausgearbeitet worden. Dieses Konzept wird seit Oktober 1990 im *Süddeutschen Institut für Logotherapie* in Fürstenfeldbruck bei München als Übung und praktische Auseinandersetzung mit seiner eigenen Lebensgeschichte als das vierte Jahr der logotherapeuti-

---

[29] Ebenda, S. 261.
[30] Siehe dazu z.B. Uwe Böschemeyer, Grundlagen, Leitgedanken und Arbeitsweisen der Logotherapie, in: Sinnvoll heilen. Viktor E. Frankls Logotherapie – Seelenheilkunde auf neuen Wegen. Einführung und Erfahrungsberichte mit Beiträgen von W. Böckmann, U. Böschemeyer, Paul H. Bresser, Viktor E. Frankl, G. Funke, W. Kretschmer, A. Längle, E. Lukas, Freiburg: Herder Verlag 1984, hier S. 32–46. Der in diesem Büchlein veröffentlichte Beitrag von A. Längle («Das Seinserlebnis als Schlüssel zur Sinnerfahrung«, S. 47–63) wandert im übrigen noch auf den Spuren V. Frankls.

schen Ausbildung angeboten und von den Teilnehmern als sehr gut beurteilt. In der Selbsterfahrung wird jedes Mal auch die Frage gestellt und beantwortet: Was *fühle* ich zu diesem und jenem Kapitel meines Lebens, worüber ich gerade berichte? Viktor Frankl war einverstanden damit, daß *diese Frage nach dem Gefühl* in dem von E. Lukas verfassten Konzept der Selbsterfahrung auf logotherapeutischer Basis nicht ausgeklammert wird. Er war damit einverstanden, weil das *anthropologische* Fundament stimmte.

Ich weise auch darauf hin, daß die Bedeutung der Emotionalität, der Gefühle und der Psychodynamik in der logotherapeutischen Literatur insgesamt nicht ignoriert werden.[31] Gerade die Bücher von E. Lukas und von U. Böschemeyer sind diesbezüglich sprechende Zeugen für das Ernstnehmen der Gefühlskräfte *in der* und *für* die Therapie.[32] Und im *Kompendium für Logotherapie und Existenzanalyse* (hrsg. v. W. Kurz und F. Sedlak, Tübingen 1995) hat Wolfram *Kurz* einen hervorragenden Beitrag zur Frage, wie das *psychische* Schicksal im Kontext der Logotherapie zu sehen und zu bewältigen ist, veröf-

---

[31] Freilich werden sie nicht so zentral angesehen wie in einer analytischen Therapie, in der primär die traumatischen Erlebnisse bearbeitet werden.

[32] Genannt seien von den Büchern von E. Lukas: Psychotherapie in Würde (1994); Wie Leben gelingen kann (1996); Weisheit als Medizin (1997); Heilungsgeschichten (1998); In der Trauer lebt die Liebe weiter (1999); Und von U. Böschemeyer: Mut zum Neubeginn (1988); Herausforderung zum Leben (1991); Vom Typ zum Original (1994); Dein Unbewußtes weiß mehr, als du denkst (1996).

fentlicht (Kapitel 11: »Die Sinn- und Wertfrage im Rahmen der Logotherapie und Tiefenpsychologie«).[33]

Das eigentliche Problem muß also woanders liegen. Das eigentliche Problem liegt woanders. Das eigentliche Problem hat mit den *unaufgebbaren Grundlagen* der Logotherapie und Existenzanalyse zu tun, – und diese sind philosophischer Natur.

Was war geschehen?

Wie gesagt: Um 1990/1991 löste sich Längle von Frankl. Dazu schreibt Längle: In einer Diskussion wehrte sich Frankl dagegen, »daß wir die Gesellschaft für Logotherapie und Existenzanalyse (GLE) in den Österreichischen Dachverband für Psychotherapie integrieren wollten. Sein Kommentar lautete damals: 'Herr Längle, das haben wir nicht nötig, uns an die anderen Psychotherapien ranzuschmeißen. Wir können ruhig warten, bis die eines Tages zu uns kommen und sagen werden: ›Herr Längle oder Herr Frankl, wir haben jetzt alle Psychotherapierichtungen vereinigt, aber eine fehlt uns noch. Wir würden Sie bitten, ob Sie nicht auch zu uns kommen möchten, sozusagen als Ergänzung der anderen Richtungen.‹ Mir schien dieses Ansinnen der Sache der Logotherapie, und noch mehr der Existenzanalyse, nicht gerecht zu werden. Ich hielt es für eine Eigenheit Frankls. Bald darauf war die GLE im Dachverband – und Frankl legte ein gutes Jahr später seinen Ehrenvorsitz in der GLE nieder.«[34]

---

[33] Siehe auch Wolfram Kurz, Die Intentionalität des Menschen unter dem Aspekt des Willens zum Sinn – Gesellschaftsspezifische, phasenspezifische und gegengeschlechtsspezifische Sinnmöglichkeiten, in: Suche nach Sinn, Würzburg 1991, S. 100–115.
[34] A. Längle 1998, S. 254.

Längle gründete eine neue Richtung – »Personale Existenzanalyse nach Längle« – und bot Ausbildungskurse in der von ihm mitbegründeten Gesellschaft für Logotherapie und Existenzanalyse (GLE) an. Davon nun hat sich seinerseits Frankl distanziert, was nicht eine Kränkung, sondern Ausdruck einer *inhaltlichen* Grenzziehung war. Frankl erkannte, daß das, was Längle als »Weiterentwicklung« nennt, im Grunde eine Rückentwicklung ist. Zunächst ging es um das Thema »Selbsterfahrung«, dann um den »subjektiven oder objektiven Charakter des Sinnbegriffes« und schließlich um den »Übersinn«.

Seinen Standpunkt bzw. seine *Grenzziehung* gegenüber A. Längles Ansatz hat Professor Frankl in einem Antwortbrief (11. Juni 1993) an das österreichische Bundesministerium für Gesundheit formuliert. In der Vorbereitungsphase des neuen Psychotherapiegesetzes in Österreich, stellte ihm nämlich das Bundesministerium für Gesundheit u.a. die Frage: »Wer setzt sich aus Ihrer Sicht, sehr geehrter Herr Professor, derzeit besonders qualifiziert mit Fragen der Logotherapie und Existenzanalyse auseinander?« (Brief vom 25. Mai 1993 an V. Frankl). Dazu hat Viktor Frankl (Brief vom 11. Juni 1993) folgendes geantwortet:

»Zu Ihrer Frage, wer sich derzeit besonders qualifiziert mit Fragen der Logotherapie auseinandersetzt: Die Institution, die – weltweit gesehen, besonders aber im deutschen Sprachraum – eine absolut authentische Ausbildung in Logotherapie bzw. Existenzanalyse anbietet, ist das *Süddeutsche Institut für Logotherapie*, geleitet von Frau *Dr. Elisabeth Lukas*. Übrigens hat Frau Dr. Lukas viele Kontakte mit Logotherapeuten in Österreich. Wie ich aus Gesprächen weiß, gibt es eine Reihe von österreichischen Logotherapeuten, die im genannten Institut ausgebildet worden sind und selbst bereit wären, hierzulande als Ausbildner zu figurieren. Sollte sich also die Frage stellen, wer in Österreich eine Ausbildung in Logotherapie anbieten bzw. organisieren könnte, dann wäre Frau Dr. Lukas die geeignete Auskunftsperson. ... Ich kann nicht umhin zu erwähnen, daß ich die von der Wiener »*Gesellschaft für Logotherapie und Existenzanalyse* (GLE)« – deren Ehrenpräsidentenschaft ich vor längerer Zeit zurückgelegt habe – angebotene Ausbildung *nicht* anerkenne. (Paradoxerweise ist gerade diese, und nur diese Gruppe im Psychotherapiebeirat vertreten, woraus sich eine groteske Situation für die von mir anerkannten Logotherapeuten ergibt).

Indem ich hoffe, hiermit Ihre Fragen beantwortet zu haben, verbleibe ich mit freundlichen Grüßen,

Ihr
Univ.-Prof. Dr. med. Viktor E. Frankl

Mit anderen Worten: Die Nicht-Anerkennung der von Längle vertretene Richtung, nämlich der »Personalen Existenzanalyse nach Längle« besagt in aller Deutlichkeit, daß V. Frankl seinen Ansatz in der neuen Richtung nicht mehr erkennt – und das ist hier der springende Punkt. Es geht nicht darum, daß jemand keine neue Richtung oder keine Weiterentwicklung einleiten dürfte, denn schließlich jeder hat das Recht zu denken, was er will. Nur, es entspricht nicht mehr der intellektuellen Redlichkeit und der Wahrheit einer Sache, wenn man unter einem gründlich ausgearbeiteten Begriff – z.B. Logotherapie als sinnorientierte Therapie vom Geistigen her, ein Begriff, der nun einmal mit dem Namen Viktor E. Frankl verbunden ist und bleibt – etwas anderes »verkaufen« will.

Worum geht es da eigentlich? Um es vorweg zu sagen: Es geht darum, daß eine übermäßige Rückschau auf die primären Emotionen, ein Kreisen um den eigenen *psychischen* Zustand, das »Begaffen innerer Gefühlszustände« (Frankl) nicht ein primäres Anliegen der Logotherapie sind. Zwar gibt es, wie schon erwähnt, im vierten Jahr der logotherapeutischen Ausbildung auch eine *biographische Rückschau*, den man sogar eigenhändig schreiben und darüber dann diskutieren muß. Es gibt aber auch eine *Vorschau*, wenn man über seine nahe und ferne Zukunft, über seinen eigenen Tod und über die eigenen Spuren in dieser Welt schreibt und dabei nicht nur die Gefühle und Emotionen, sondern die eigene *Stellungnahme* auszuformulieren hat.[35]

Der *spezifisch* logotherapeutische Selbsterfahrungsmodus ist eben *anders* als die anderen Richtungen verschiedener Psychotherapien und diese Andersartigkeit hängt mit dem Ernstnehmen des Menschenbildes der Logotherapie zusammen. Das ureigene geistige Selbst, das vom

---

[35] Siehe dazu: E. Lukas, Zur Erfahrung der eigenen Personalität – Selbsterfahrung auf andere Weise, in: Spannendes Leben, München: Quintessenz Verlag 1991, S. 166–181. Und: Logotherapeutische Ausbildung und Selbsterfahrung, in: E. Lukas, Geborgensein – worin? Freiburg: Herder Verlag 1993, S. 204–220. Und: Eine goldene Spur hinterlassen – Selbsterfahrung auf ganz andere Weise, in: Lehrbuch der Logotherapie, München: Profil Verlag 1998, S. 208–215. Siehe auch: Franz Sedlak, Logotherapeutische Selbsterfahrung. Befreiung zur Verantwortung, in: Logotherapie und Existenzanalyse, Zeitschrift der Deutschen Gesellschaft für Logotherapie und Existenzanalyse e.V. 1/1992, S. 42–60.

Logos her angesprochene Selbst oder die heile geistige Person und *nicht* das *Ego* soll da erfahren werden. Nach meinem Wissen hat Frankl niemals die Erfahrung des eigenen Selbst abgelehnt. Er hat gegen einem *Wühlen in der Psyche* (oder anders gesagt: im trügerischen *Ego-Spiel*) Stellung bezogen. »Das Hängenbleiben im Netz der eigenen Befindlichkeit«, wie F. Sedlak es ausdrückt, das war der Punkt, den Frankl abgelehnt hat. Genau das aber propagierte Längle übermäßig und davon mußte Frankl sich distanzieren, wenn er die von ihm begründete Logotherapie und Existenzanalyse schützen wollte. Hinzu kommt der Umstand, daß meines Wissens weder Frankl, noch Lukas, noch Böschemeyer eine vernünftige Weiterentwicklung der Logotherapie und Existenzanalyse abgelehnt oder torpediert haben.

Nachdem Längle der Frage »Welche Entwicklungen haben eingesetzt«? nachgeht und dabei Elisabeth Lukas, Walter Böckmann, Uwe Böschemeyer und Wolfram Kurz erwähnt und knapp würdigt, kommt er auf seine eigene Bedeutung zu sprechen. Längle schreibt:

»Eine ›personale Wende‹ nahm die Existenzanalyse in den achziger Jahren in Wien. Da deutlich wurde, daß das Sinnkonzept allein für eine umfassende Psychotherapie nicht ausreicht, begannen hier drei Entwicklungen einzusetzen, die von der Emotion, Motivation und Biographie ausgehen. Die erste systematische Entwicklung war die Methode der ›Personalen Existenzanalyse‹. Mit ihr wurde auch eine Emotionslehre entwickelt und nun verstärkt mit Emotionen und Affekten in der Psychotherapie gearbeitet. Damit kamen das personale Erleben und das psychische Befinden in den Mittelpunkt psychotherapeutischer Interventionen, an die sich dann die Bearbeitung des Sinnthemas im Bedarfsfall noch anschloß. Die *Existenzanalyse* wurde dadurch nicht mehr nur als anthropologische Forschungsrichtung für die Logotherapie und die Sinnfindung angesehen, sondern auch als *psychotherapeutische Methode* zur Bearbeitung von Problemen, Traumata, Behinderungen und psychodynamischen Konflikten im Vorfeld der Sinnfindung. Die Personale Existenzanalyse bedeutete ein Abrücken von der Logotherapie und ein Hineingehen in die Psychopathologie. Zugleich eröffnete sie auch den Zugang zu psychischen und körperlichen Problemfeldern und entsprechenden Interventionen.«[36] –

Man hat hier den Eindruck, als hätte Herr Längle die entscheidende Wende oder die eigentliche Weiterentwicklung für die und innerhalb der Logotherapie gebracht. In Wirklichkeit ist es so, daß Viktor Frankl in seiner Logotherapie und Existenzanalyse – nachdem er sich mit Freud, Adler und später mit Maslow und Rogers auseinandersetzte – eine sehr gelungene Synthese der psychotherapeutischen Konzepte des 20. Jahrhunderts geschaffen hat, die insofern *neu* ist, als daß sie über die *Psyche* hinausgehend, den *Nous* (den Geist, die geistigen Kräfte des Menschen oder »die Trotzmacht des Geistes«) für therapeutische Interventionen fruchtbar gemacht hat.

Vor allem aber gilt schärfstens zu betonen: Frankl hat die Existenzanalyse als anthropologisch-philosophische Forschungsrichtung immer schon und von Anfang an als *personal*, von der *Person* her bedacht und konzipiert. Er sagte zum Beispiel:

---

[36] Alfried Längle, Viktor Frankl. Ein Porträt, München: Piper Verlag 1998, S. 278f.

In der Wortbildung *Existenzanalyse* bedeutet Existenz die Eigenart des Menschseins, die Eigenart der menschlichen Person in dieser Welt da zu sein. »Für diese besondere Art des Daseins hat die zeitgenössische Philosophie eben den Ausdruck Existenz reserviert – und wir haben in der Existenzanalyse bzw. der Logotherapie diesen Ausdruck für jenen Inhalt entlehnt« – schreibt Frankl 1959. Diese Eigenart des menschlichen Daseins ist *personal* oder gar nichts. Personal heißt, daß die geistige Person – während sie sich mit dem Psychophysikum, mit den Einflüssen der Mit- und Umwelt auseinandersetzt, – sich selbst expliziert, »sie entfaltet sich, sie rollt sich auf, und zwar im ablaufenden Leben. Wie ein aufgerollter Teppich sein unverwechselbares Muster enthüllt, so lesen wir am Lebensablauf, am Werden, das Wesen der Person ab.«[37]

Existenzanalyse ist also auch bei Frankl *personale Existenzanalyse*, welche den Menschen als freie und verantwortliche Person betrachtet. Diese geistige Person ist existentiell, d.h. sie hat nicht nur ein *faktisches* Sein, sondern auch ein *fakultatives* Sein, im Sinne von: Immer-auch-anders-werden-Können,[38] oder im Sinne von: sich beziehen auf den (nicht machbaren) *Logos* und auf die *Transzendenz*. Das heißt weiterhin: Die geistige Person (die der Mensch vom innersten Wesenskern immmer schon *ist*) verhält sich noch einmal zu allem, was den Menschen bedingt und beeinflußt. Dieses *Sich-verhalten-Können* zu den anderen, zu sich selbst und zur Transzendenz ist bei Frankl immer schon und von vornherein *per-*

---

[37] Viktor E. Frankl, Logotherapie und Existenzanalyse. Texte aus sechs Jahrzehnten, München: Quintessenz Verlag 1994, S. 58f.
[38] Vgl. ebenda, S. 61.

sonal gedacht, begründet und auch so benannt. Diese geistige Person als *Ich* (und nicht als Ego) hat auch die Macht, – die *Trotzmacht des Geistes* – mit den Gefühlen umzugehen.

Dieses Geistige im Menschen wird nicht gezeugt und geht demnach nicht unter mit dem Zerfall des Psychophysikums: die geistige Person ist *transmorbid*. Frankl drückte dies in den zehn Thesen zur Person folgendermaßen aus: »Jede einzelne Person ist ein absolutes Novum«.[39] Und: Der Mensch als geistige Person wird nicht *von uns* [von uns Eltern] geschaffen.[40] Das geistigpersonale »Element« eines jeden Menschen ist einmalig, einzigartig, unwiederholbar. Es hat die Macht, Kräfte in Bewegung zu setzen, die das Psychophysikum durchaus heilend beeinflußen. Diese Macht nannte Viktor Frankl die *Trotzmacht des Geistes* und verdeutlichte seine Auffassung mit folgendem Bild: Alle Triebhaftigkeit des Menschen (Sexualität, Aggression, Zorn, Verletzungen der Psyche usw.) ist einem »Ich« unterstellt, so daß man nicht sagen könne, das »Ich« sei den Mächten der Triebe als Spielball ausgeliefert. Das »Ich« ist geistig und als solches *kein* Spielball dunkler Mächte. Die von vornherein gegebene *geistige* Macht des Ich gegenüber den »Mächten des Es« läßt sich etwa so verstehen, schreibt Frankl, »wie die Macht eines altersschwachen Richters, einen athletischen Angeklagten zu verurteilen; wer diese Macht des Richters anzweifelt, der verwechselt ... die richterliche [Gewalt] mit Brachialgewalt.«[41] Frankl zitiert

---

[39] Viktor E. Frankl, Der Wille zum Sinn, München: Piper Verlag 1991, S. 109.
[40] Viktor E. Frankl, Der leidende Mensch. Anthropologische Grundlagen der Psychotherapie, München: Piper Verlag 1990, S. 188.
[41] Ebenda, S. 225.

noch in diesem Zusammenhang Martin *Buber*, der sorgfältig zwischen *Macht* und *Kraft* unterschieden hat, indem er sagte: Die Fähigkeit, Kräfte in Bewegung zu setzen, oder die Macht, die Psyche zu formen, habe der Geist[42] – und das ist genau die *Trotzmacht des Geistes.* »Zum Glück«, schreibt Frankl weiter, »muß der Mensch von dieser Trotzmacht keineswegs unentwegt Gebrauch machen; denn mindestens ebenso oft wie *trotz* seines Erbes, trotz seiner Umwelt und trotz seiner Triebe behauptet sich der Mensch ja auch *dank* seines Erbes, dank seiner Umwelt und *kraft* seiner Triebe.«[43]

Das ist genuin personale Existenzanalyse, von Frankl 1949 ausformuliert. Das ist das Bild des *Homo humanus.*[44]

Und nun kommt Herr Längle und behauptet, die Existenzanalyse habe in den achziger Jahren in Wien eine »personale Wende« genommen. Freilich kann jeder solche Behauptungen »dahersagen« oder schreiben, aber ob sie auch der Wahrheit entsprechen, ist eine andere Frage. Herr Längles diesbezügliche Behauptung ist nicht wahr. Er hat mit dem Begriff »Personale Existenzanalyse« m.E. nichts Neues eingeführt, sondern nur eine Tautologie ausgesprochen: einen Sachverhalt doppelt wiedergegeben, der von Frankl schon längst begründet und ausformuliert wurde.

Frankl lehrte, um weitere Beispiele zu nennen:
– Nicht traumatisch durchlebte Kindheiten oder unterdrückte Triebimpulse würden den Menschen ein Leben lang steuern.

---

[42] Vgl. ebenda, Fußnote.
[43] Ebenda, S. 235.
[44] Vgl. ebenda, S. 105.

– Auch nicht das Bemühen um die Kompensation tiefsitzender Minderwertigkeitsgefühle sind der stärkste Motor menschlichen Handelns.
– Die Primärmotivation des Menschen ist ein ursprüngliches Streben nach einem Sinn, nach Wertverwirklichung und zwar aus seiner geistigen Dimension heraus, die ja die eigentlich menschliche Dimension – das spezifisch Humane – darstellt.

Die Frage nach dem »Umgang mit der Emotionalität« ist für Längle tatsächlich ein Problem, aber keineswegs für Frankl.[45]

Ein weiteres Problem von Längle ist, daß er den *Person*begriff Frankls sehr verkürzt darstellt. Längle schreibt: »Interessant ist, welche mögliche Definitionen der Person Frankl auswählt. Ich kenne zwei: Einmal definiert er sie als ›das Freie im Menschen‹, ein andermal als ›absolut Anders-sein‹ beziehungsweise ›immer auch anders werden können‹. So dürfte Frankl sein eigenes Personsein erlebt haben, denn er hat wohl kaum anders geschrieben, als seiner Erfahrung entsprochen hat. Es ist naheliegend, daß die Präferenz dieser Definitionen der Person somit auch mit seiner Person verbunden ist. Das macht die Definitionen keineswegs falsch, aber es ist auch klar, daß andere Aspekte der Person durch diese Perspektive verdeckt blieben.«[46] – Nun hier ist gleich zur Sache anzumerken: Frankl hat in den berühmten *zehn Thesen über die Person* schon im Jahre 1950 zehn ver-

---

[45] Vgl. Franz Vesely, Bemerkungen zu Alfried Längles Buch »Viktor Frankl – Leben und Wirkung«, in: Journal des Viktor-Frankl-Instituts 2/1998, S. 109.
[46] A. Längle 1998, S. 256f.

schiedene und tiefschürfende Aspekte dargelegt und erläutert.[47] Sie sind Grundlage und Fundament *der* Logotherapie und *der* Existenzanalyse. Ich kann mir nicht vorstellen, daß Herr Längle diese Thesen nicht kennt. Wenn er aber die Thesen kennt und sie dennoch unerwähnt läßt, dann wird er dafür seine Gründe haben. Mir scheint, daß Längle diese Thesen bewußt ignoriert, denn in ihnen findet man *die Art der genuin logotherapeutischen Selbsterfahrung* begründet. Wenn man sie ernst nehmen will, kann man nicht mehr eine nur auf die *Psyche* begründete und nur die Psyche analysierende Selbsterfahrung betreiben, sondern man muß zum *Selbst* hinkommen. Hier liegt m.E. der feine und entscheidende Unterschied zwischen Frankl und Längle. Es ist ein *inhaltlicher* Unterschied, der letztlich mit dem *Wesen des Menschseins* zu tun hat, mit der Frage: *wer* eigentlich ist der Mensch? Es geht darum, ob *das Primat des Geistes* oder *das der Psyche* ernst genommen wird. Und in den zehn Thesen über die Person gibt Frankl darauf eine klare Antwort, nämlich:

(1) Die Person ist ein Individuum! (2) Sie ist nicht nur unteilbar, sie ist auch nicht verschmelzbar, weil sie Einheit und Ganzheit ist. (3) Jede einzelne Person ist ein absolutes Novum. (4) Die Person ist geistig (Geistigkeit ist hier als Konstituens gemeint) und besitzt eine unantastbare Würde. (5) Die Person ist existentiell und das heißt: sie kann auch kontrafaktisch etwas aus der Fülle der Wirklichkeit auswählen und sich *dafür* entscheiden. (6) Die Person ist ich-haft: sie gestaltet die Triebe und nicht umgekehrt. (7) Die Person stiftet Einheit und Ganzheit, indem sie als Gei-

---

[47] Vgl. V. Frankl, Der Wille zum Sinn. Ausgewählte Vorträge über Logotherapie, München–Zürich: Piper Verlag 1991, S. 108–118.

stiges sich mit dem Psychophysikum auseinandersetzt. (8) Die Person ist dynamisch: Indem sie sich vom Psychophysikum zu distanzieren vermag, tritt das Geistige (am und im Menschen) in Erscheinung. (9) Die Person verhält sich so zu einer höheren Welt (zu einer alle umfassenden »*Über-Welt*«), wie das Tier zur Welt des Menschen. Das Tier kann nicht in die menschliche Welt des Sinnes und der Werte gelangen. (10) Auch der Mensch kann nicht [verstandesmäßig nicht] in die »Über-Welt« mit ihrem »*Über-Sinn*« gelangen, aber er kann die Welt der Transzendenz in einem *ahnenden Hinauslangen* – im Glauben – erreichen. Darum besagt die These zehn: Die Person begreift sich selbst nur von der Transzendenz her.

Wenn all das hier Gesagte nicht personale Existenzanalyse ist, dann hat Viktor Frankl niemals gelebt. Mit anderen Worten: Es ist unseriös, unter dem Begriff »Personale Existenzanalyse« etwas zu propagieren, was sich auf Frankl beruft, aber doch *nicht* Frankl ist. Hier wird ein großer Name benutzt, um eine *andere* Sichtweise mit diesem Namen zum Durchbruch zu verhelfen. Das ist das Problematische beim Herrn Längle.

Äußerst problematisch ist auch, wenn Längle noch einmal auf den Begriff der Person kommen, hinzufügt: Ähnliches, also etwas ähnlich Einseitiges wie Frankl die Person definiert hätte (dabei aber handelt es sich um die Einseitigkeit Längles), »ließe sich sagen über sein Konzept der *Existenz*, vom *Sinn*, ... von der *Anthropologie*, in der die Emotionalität so gut wie nicht vorkommt, oder von der Ausklammerung der Biographie und der Emotionalität aus der therapeutischen Arbeit.«[48]

---

[48] A. Längle 1998, S. 261. Hervorhebung im Text – O. Zs.

Hier geschieht ein Verdrehen der Sachverhalte. Gerade die *Anthropologie* wurde von Frankl mit größter Sorgfalt ausgearbeitet und philosophisch auf feste Fundamente gebaut. Der *Existenz*begriff wird im Franklschen Schrifttum ebenfalls genügend differenziert und phänomenologisch erhellt. Was nun Längle zum Franklschen *Sinn*begriff sagt – Frankl hätte den Sinn rein kognitiv, ja eigentlich wahrnehmungspsychologisch verstanden[49] –, ist schlicht und einfach Unsinn. Entweder hat Längle die Schriften von Frankl nicht genau gelesen und verstanden oder er behauptet einfach etwas, um seiner Position Gewicht zu geben.

Letzteres wird auch von weiteren Aussagen Längles untermauert, zum Beispiel dort, wo er schreibt: »Da deutlich wurde, daß das Sinnkonzept allein für eine umfassende Psychotherapie nicht ausreicht, begannen hier drei Entwicklungen einzusetzen, die von der Emotion, Motivation und Biographie ausgehen.«[50] Ich frage mich: *Wenn nicht das Sinn- und Wertkonzept für eine umfassende Psychotherapie ausreichen, wenn nicht die zehn Thesen über die Person eine Emotionslehre begründen können, was sollte und soll noch erfunden werden, damit die Psychotherapie umfassend wird?* Natürlich eine sog. »Personale Existenzanalyse nach Längle«, wodurch, so schreibt er, »das personale Erleben und das psychische Befinden in den Mittelpunkt psychotherapeutischer Interventionen kamen, an die sich dann die Bearbeitung des Sinnthemas im Bedarfsfall noch anschloß.«[51]

---

[49] Ebenda.
[50] Ebenda, S. 278.
[51] Ebenda.

Hier wird – ob bewußt oder unbewußt, das weiß ich nicht, – ein *psychologischer Reduktionismus* getrieben. Das läuft dem logotherapeutischen Gedankengut zuwider. Darum hat sich Frankl von Längle abgegrenzt. Traumata, psychische Behinderungen und psychodynamische Konflikte rücken in den Vordergrund und werden, so Längle, im Rahmen der Personalen Existenzanalyse psychotherapeutisch behandelt. Genau damit haben sich alle Therapien *vor* Frankl beschäftigt und alle analytischen Richtungen arbeiten nach wie vor so. Dies zu betonen, ist nichts Neues; nur eben es weicht von Frankl wesentlich ab, da er nicht das Krankhafte, sondern das Gesunde im Menschen – sein gesundes geistiges Potential – in das therapeutische Geschehen einbezogen hat.

Weiterhin: Der Sinn ist hier bei Längle nicht mehr das von Frankl herausgearbeitete transsubjektive Sinnkonzept, er ist nicht mehr der Logos, der vom Menschen in jeder Situation *entdeckt* werden kann, sondern der Franklsche Logos wird plötzlich zum *subjektivistisch* aufgefaßten »Sinn für mich«, nach dem Motto: »Wenn irgendetwas für mich sinnvoll erscheint, dann ist das mein Sinn, den ich verwirklichen muß.« Oder zugespitzt formuliert: »Ich kann selber einen Sinn machen oder mir selbst einen Sinn geben.« Oder: »Wenn es jemand für sinnvoll hält, ein Konzentrationslager zu bauen, dann ist es für ihn sinnvoll.«

Kann das stimmen? Ist das wahr? In Kenntnis der philosophischen Grundlagen der Logotherapie muß ich sagen: Nein, das stimmt nicht. Das ist von Frankl nicht gemeint. Es gibt aber Leute, die behaupten: »Ja, das kann man so aus Franklo Werk herauslesen«. Dazu sei an dieser Stelle Dr. E. Lukas zitiert, die in einem Brief an Bijan Amini kritisch angemerkt hat: »Ich möchte dem widersprechen. In Frankls Werk wird das sinnvoll *Scheinende* nirgends mit dem sinnvoll *Seienden* gleichgesetzt. (...) Sinn kann nicht (vom menschlichen Bewußtsein) gesetzt, sondern nur von ihm entdeckt, erkannt, aus der Situation entschlüsselt werden. Er ist sozusagen *vor* aller Entdeckung und Entschlüsselung schon da, er war eben ›im Anfang‹ (...) Ich habe keinerlei Problem, Ihre davon abweichende philosophische Sichtweise zu respektieren. (...) Meine Anmerkungen sind lediglich differenzierende Sachaussagen von der Art: ›Bienen sind keine Säugetiere‹ (im Äquivalent: Der Aminische Sinnbegriff ist kein Franklianischer.) Ich würde es sehr bedauern, wenn Sie mich auf Grund dessen als intolerant bezeichnen würden« (Brief von Frau Dr. E. Lukas an Herrn Prof. Dr. B. Amini 18. August 1997).

Es besteht ein *feiner* Unterschied zwischen dem objektiven Sinnbegriff nach Frankl und dem subjektivistisch interpretierten Sinnkonzept nach Längle. Da Frankl diesen Unterschied gesehen hat, wollte er nicht mehr seinen Namen mit der von Längle eingeführten Personalen Existenzanalyse verkoppelt wissen. Sinn wird *nicht* konstruiert, gemacht oder erfunden, sondern Sinn wird wahrgenommen, *ge*funden und *ent*deckt. Sinn liegt dem Wollen voraus oder er ist gar nicht. Nicht das mir sinnvoll *Scheinende* ist der Sinn, sondern das, was das Sinnvolle *ist* (der Logos, der im Anfang war), wird von mir – vom einzelnen Menschen – als solches wahrgenommen, vernommen, entschlüsselt und entdeckt. Daß die Wahrnehmung betrübt und gestört sein kann, daß es sog. subjektive »Sinnbarrieren« gibt, weil die Gefühlswelt, die Psyche eines Menschen verletzt ist, das ist allerdings eine ernstzunehmende Einsicht von Längle.

Im übrigen: vor Längle schon haben etliche Größen der Psychotherapie – wie S. Freud, C. G. Jung, C. Rogers, A. Maslow usw. –, gelebt und gewirkt, die für die Bearbeitung der Emotionen, der Träume, der Traumata, des triebhaft Unbewußten und des sog. *psychischen Befindens* – also in bezug auf all das, was Längle als Erneuerung bzw. Weiterentwicklung auszugeben sich bemüht, – wahrlich genügende und hervorragende *Methoden* sowie analytische Wege herausgearbeitet haben. Gerade von diesen analytischen Richtungen – ohne sie zu entwerten – wollte Frankl mit seiner Logotherapie abrücken und durch die Herausarbeitung der *geistigen* Dimension des Menschen die *Sinn- und Wertthematik* ins Zentrum einer *Logo*therapie stellen. Somit sollte ein *Psychologismus* überwunden werden, der im Menschen tatsächlich nur die psychischen Zustände sah und reflektierte.

Dr. Franz Vesely bemerkt in einem schon zitierten kritischen Artikel zu Längles Buch mit Recht: In den achziger Jahren begann Längle »unter dem Slogan ›Hereinnahme der Biographie in die Therapie‹ seine Klienten zu übermäßiger persönlicher Rückschau anzuhalten. Im Rahmen der alsbald so bezeichneten ›Personalen Existenzanalyse‹ sollte ›die primäre Emotion geborgen werden‹, sollte der oder die Ratsuchende ›erspüren, wie etwas für mich ist‹, und so fort. Dieses Gemisch aus analytischen Elementen und New Age-Vokabular wurde von Frankl zunächst mit Geduld hingenommen, dann mit zunehmender Sorge beobachtet. Im Jahr 1991 entschloß er sich endlich, dieser Entwicklung, die seinen Intentionen und Konzepten geradewegs zuwiderlief, die Unterstützung zu entziehen; er zog sich von der Gesellschaft, die unter Längles Leitung stand, öffentlich zurück.

Daß nun ausgerechnet Alfried Längle zum ersten Todestag Frankls ein ›Porträt‹ veröffentlicht, ist nicht gerade ein Zeichen übergroßen Taktgefühls; da nützen auch keine langatmigen Rationalisierungen.«[52]

Längle anerkennt im Vorwort, daß die »monatelange Beschäftigung mit Frankls Person, seinem Leben und seinen Gedanken ... auch eine Gabe des Dankes«[53] für seinen wichtigsten Lehrer sei. Es gelingt ihm auch, immer wieder in einfühlsamen Worten von Frankl zu sprechen, seine Größe hervorzuheben z.B. wenn er am Ende des ersten Kapitels schreibt:

»Frankl war eine Persönlichkeit von weltweitem Zuschnitt geworden. Sein Humanismus und sein unerschütterlicher Glaube in die Sinnhaftigkeit der Existenz ließen ihn zur Stütze und zum Vorbild für Menschen in Verzweiflung werden. Sein philosophisch-anthropologisches Werk und seine versöhnliche Haltung zur Vergangenheit und zu menschlichen Schwächen machten ihn zum Gewissen der Welt.«[54]

Bei der Beschreibung der neueren logotherapeutischen Literatur ist es auffallend, daß Längle E. *Lukas* zwar lobend erwähnt, aber – irrtümlich – nur von »rund ein Dutzend Bücher«[55] spricht, die E. Lukas über Logotherapie geschrieben hätte. Zur Richtigstellung dieser Angabe sei angemerkt:

Von E. Lukas sind (bis Ende Februar 1999) sechsundzwanzig Bücher verfasst und publiziert worden, in denen

---

[52] Franz Vesely 1998, S. 108.
[53] Längle 1998, S. 9.
[54] Längle 1998, S. 121.
[55] Ebenda, S. 301, Fußnote 320.

das originäre Franklsche Gedankengut nicht nur bewahrt und für ein breites Publikum zugänglich gemacht, sondern auch weiterentwickelt wurde und wird.

Noch einmal komme ich auf den Bruch zwischen Längle und Frankl zurück, denn weder die Weiterentwicklungen von Böckmann, noch von Lukas, Böschemeyer oder Kurz hat Frankl abgelehnt, wohl aber grenzte er sich von Längle ab.

Längle selbst beschreibt den Austritt Frankls aus der GLE so: »Frankl verfolgte die Entwicklung mit zunehmender Skepsis, ohne diese jedoch zum Ausdruck zu bringen. Persönlich störte ihn, das wachsende Ausmaß an Selbsterfahrung, mit dem er nicht mehr einverstanden sein konnte. Er fand diese Entwicklung schließlich ›verantwortungslos‹, weil sie den Menschen von seinem existentiellen Auftrag abbringe. Der bestehe darin, sich selbst zu übersehen und zu vergessen in der Hingabe an die Welt (Selbsttranszendenz). Er befürchtete, daß die Menschen durch die Selbsterfahrung immer mehr dahin gebracht würden, um sich selbst zu kreisen und sich in egoistischer Manier auf Kosten von anderen selbst zu verwirklichen. Diese ›geistige Nabelschau‹ sei ›antilogotherapeutisch‹ und daher abzulehnen. Außerdem sei die Arbeit mit der Biographie nicht im Sinn der Logotherapie. Schließlich hätte die personale Existenzanalyse mit Logotherapie nichts mehr zu tun und sollte daher nicht unter seinem Namen im Dach der Logotherapie aufscheinen. Aus diesen Gründen entschloß sich Frankl 1991 ohne vorherige Absprache oder Aussprache, den Ehrenvorsitz der GLE in Wien niederzulegen und mit der Gesellschaft nicht mehr zusammenzuarbeiten.«[56]

---

[56] Längle 1998, S. 280.

Sich rechtfertigend fügt noch Längle hinzu: Frankl betonte, die Weiterentwicklungen seien zwar »nichts Schlechtes«, aber sie seien »etwas anderes« und darum wollte er sie »nicht mit seinem Namen in Verbindung gebracht haben. Die GLE hat sich darauf entschlossen, die psychotherapeutischen Weiterentwicklungen nur noch unter dem Namen Existenzanalyse zu führen. Als Ergänzung zur Existenzanalyse sieht man in der GLE nun die Logotherapie, die vor allem beraterische, begleitende und präventive Aufgaben wahrnimmt.«[57]

Das Frankl-Porträt von Alfried Längle hat manche gute Seiten. In der Einschätzung der Persönlichkeit Frankls geht Längle jedoch Wege, die problematisch sind. Dies zu korrigieren wird die Aufgabe einer späteren Biographie sein. Doch jetzt schon gilt festzuhalten: Die von Längle sogenannte »Personale Existenzanalyse« verunstaltet grob die von Viktor Frankl begründete Logotherapie und Existenzanalyse. Gerade die von Längle bemängelte Grundbegriffe – Person, Existenz, Sinn – sind im Franklschen Schrifttum philosophisch und phänomenologisch sorgfältig expliziert und differenziert dargestellt. Das hat, nebenbei bemerkt, schon Christoph *Kreitmeir* in seinem hervorragend geschriebenen und wissenschaftlich fundierten Buch »Sinnvolle Seelsorge« (Sankt Ottilien: EOS-Verlag 1995) gezeigt. Professor Frankl selbst hat im Mai 1995 über dieses Buch von Kreitmeir in einer gutachterlichen Stellungnahme geschrieben:

»Dieses Buch stellt eine der fundiertesten und umfassendsten Arbeiten dar, die mir je untergekommen sind. Auf Grund einer Berücksichtigung der internationalen

---

[57] Ebenda.

Literatur zur Logotherapie (einschließlich frühester Publikationen) ist sie bis ins Detail mit wörtlichen Zitaten belegt. So sehe ich in Kreitmeiers Arbeit eine wesentliche Bereicherung des einschlägigen Schrifttums. (...) Die Arbeit ist auch insofern ein ›Schatz‹, als ihr Autor aus im allgemeinen kaum bekannten Quellen der Primär- wie auch der Sekundärliteratur schöpft, die längst nicht mehr zugänglich sind und in Vergessenheit geraten wären. Dieses Buch stellt für andere Autoren und auf diesem Wissensgebiet arbeitende Forscher, sei es Dissertanten, sei es Professoren, eine Fundgrube dar« (Viktor E. Frankl).

Es mag dahingestellt sein, ob man das auch von Längles Buch sagen *kann*. Hat man es gelesen, wird man allerdings sagen *müssen*: *Nemo dat, quod non habet*. Niemand kann geben, was nicht ihm gehört.

Die Logotherapie und Existenzanalyse als eine facettenreiche, gelungene Synthese zwischen der Medizin, Psychologie und Psychotherapie sowie der Philosophie, Pädagogik und Theologie – so wie sie Frankl konzipiert hat – wird alle mittelmäßigen Geister überleben. Sicher, man wird noch diskutieren müssen über Methoden und empirische Wirkungsnachweise, man wird auch eine Emotionslehre ausarbeiten, damit die Psychodynamik und die Gefühlskräfte des Menschen, ja auch der Körper in der und für die Therapie mehr berücksichtigt werden, aber – und das ist Gewißheit – die anthropologisch-philosophische Grundlage *bleibt*. Indirekt wurde dies auch von Längles Buch bestätigt. *Direkt* haben dies Elisabeth *Lukas* und Joseph *Fabry* in dem Buch »Auf den Spuren des Logos. Briefwechsel mit Viktor E. Frankl« (München: Quintessenz Verlag 1995) gezeigt. Schade, daß Herr Längle nicht mehr Bezug auf dieses Buch genommen hat.

Es hätte ihm helfen können, *Inhalte* der Logotherapie im rechten Licht darzustellen. Es hätte ihm helfen können, eine Verbeugung in Demut vor dem *Lebens-Lehrer* Viktor E. Frankl vorzunehmen. Es hätte ihm helfen können, mehr *Sachlichkeit* in seinen Reflexionen einfließen zu lassen.

4. LOGOS UND VERITAS:
SINN UND WAHRHEIT IM KONTEXT
DER (PSYCHO-)THERAPIE
Eine philosophisch-anthropologische Reflexion[58]

Wahrheit und Wahrheiten: Ein Fallbeispiel

»Mit dem sie am engsten verkehren, dem *Sinn*, von dem kehren sie sich ab, und worauf sie täglich stoßen, das erscheint ihnen fremd« (*Heraklit*, B 72). Deshalb sind diese Menschen »wie taub: hören, aber verstehen nicht. Der Spruch bezeugt's ihnen: Anwesende sind abwesend« (B 34).

»Verständiges Denken ist höchste Vollkommenheit, und die Weisheit ist, Wahres zu sagen und zu tun nach dem Wesen der Dinge, auf sie hinhorchend« (B 112).

»Um beim Reden Verständiges zu meinen, muß man sich stützen auf das dem All Gemeine, wie auf das Gesetz die Stadt sich stützt, und viel stärker noch. Nähren sich doch alle menschlichen Gesetze von dem Einen, dem Göttlichen: denn das herrscht soweit es will und reicht hin im All und setzt sich durch« (B 114).[59]

In Analogie zu diesen Worten des griechischen Philosophen *Heraklit* (550–480 v. Chr.) läßt sich eine sinnvolle

---

[58] Vortrag, gehalten am 14. März 1999 auf der Bad Salzschlirfer Logotherapie-Tage in der Tomesa Fachklinik 13. und 14. März 1999.

[59] Heraklit, Fragmente. Griechisch und Deutsch, hrsg. v. Bruno Sell, Zürich: Artemis & Winkler Verlag 1995, 11. Auflage.

Variation formulieren: Alle menschlichen Wahrheiten nähren sich doch von der Einen, der [göttlichen] Ur-Wahrheit, die hineinreicht ins All und sich dort überall durchsetzt, wo wahrhaftig lebende und nach der Erkenntnis der Wahrheit strebende Menschen der Anerkennung dieser einer Ur-Wahrheit fähig sind. Der heutige Zeitgeist scheint aber nicht gerade förderlich zu sein, wenn man vom Streben nach *der* Wahrheit bzw. vom Erkennen und vom Empfinden *der* einen Ur-Wahrheit zu sprechen wagt.

Wie auch Karl *Rahner* (1904–1984), der bedeutende Theologe einmal schrieb: »Man beschäftigt sich [heute] mit vielen Erkenntnissen in vielen Wissenschaften, man sucht also nach Wahrheiten im Plural, [und] nicht so sehr nach *der* Wahrheit schlechthin, die nach der Schrift uns frei macht; man fragt darum heute eher nach dem Sinn in der Einzahl.«[60] Dieser letztere Aspekt ist freilich logotherapeutisch, denn nach dem Sinn in Einzahl zu fragen, heißt: *diesen* auf die Person und ihre Situation bezogenen *Sinn* zu ent-decken und *wahr*-zu-machen. Doch das ist nur die eine Seite der Münze. Die andere Seite hat *Frankl*, über den Sinn des Leidens philosophierend, so ausgedrückt: Die Rechnung des leidenden Menschen geht erst in der Transzendenz auf; in der Immanenz bleibt sie offen.[61] Mit anderen Worten: Dieser konkrete Sinn, der mich hier und heute angeht, und der morgen vielleicht in einer neuen Form mich anrufen wird, ist zwar real in dieser physisch-sinnlichen Welt faßbar, aber er ist auch »Bote eines Über-Sinns«, einer höheren Sinndimension

---

[60] Karl Rahner, Die Sinnfrage als Gottesfrage, in: Schriften zur Theologie, Bd. 15, S. 195.
[61] Vgl. Viktor Frankl, Der leidende Mensch. Anthropologische Grundlagen der Psychotherapie, München: Piper Verlag 1990, S. 385.

also, die in unzähligen Aspekten an uns Menschen herantritt und jeden einzelnen leise ruft; denn, so sagt auch das Motto dieser Tagung: »Es gibt keine Situation, in der das Leben aufhören würde, uns eine Sinnmöglichkeit anzubieten« (Frankl).

Freilich muß ein Mensch bestimmte Grunderfahrungen gemacht und ausgewertet, er muß sozusagen mit den hellen und dunklen Seiten seines Lebens bewußt gerungen haben, damit er sagen kann, der Sinn dieses irdischen Lebens und des Leidens sei erst in einer höheren Dimension – in der Transzendenz – erkennbar. Frankl gehört zu den Menschen, die das *Geheimnis* des Lebens und die metaphysische Würde der *Hinfindung zur Wahrheit,* die frei macht, durch die *Formung des Leidens* erspürt und realisiert haben. Frankl hat jenes Geheimnis gespürt, das den Anfang und das Ende, die Überantwortetheit des Menschen an sich selbst – an seinem wahren Selbst – auch noch in extremen Situationen, wie das Leben im Konzentrationslager, umfasst. Zu diesem Geheimnis gehört auch die Freiheit des Geistes als Krise: nämlich als die Krise des Sich-selbst-verfehlen-Könnens, und die Freiheit des Geistes als Chance: nämlich als die Chance, sich selbst in der *Ur-Wahrheit der Transzendenz* zu verankern.

Wie das konkret vor sich geht, kann bis zur Erschütterung erlebt werden, wenn wir auf Erfahrungen achten, die sich nicht grundsätzlich und auf Dauer verdrängen lassen, weil sie den Kernbereich des Menschseins – den *heilen, unzerstörbaren, geistigen Personkern* – betreffen und heilsam erschüttern bzw. wachrütteln. Gemeint sind etwa folgende, von *Rahner* thematisierte sehr prägnante Erfahrungen:

»Haben wir schon einmal *geschwiegen*, obwohl wir uns verteidigen wollten, obwohl wir ungerecht behandelt wurden? Haben wir schon einmal *verziehen*, obwohl wir keinen Lohn dafür erhielten und man das schweigende Verzeihen als selbstverständlich annahm? Haben wir schon einmal *gehorcht*, nicht weil wir mußten, und sonst Unannehmlichkeiten gehabt hätten, sondern bloß wegen jenes Geheimnisvollen, Schweigenden, Unfaßbaren, das wir Gott und seinen Willen nennen? Haben wir schon einmal *geopfert*, ohne Dank und Anerkennung, selbst ohne das Gefül einer inneren Befriedigung? Waren wir schon einmal restlos *einsam*? Haben wir uns schon einmal *zu* etwas *entschieden*, rein aus dem innersten Spruch unseres Gewissens heraus, dort, wo man es niemand mehr sagen, niemand mehr klarmachen kann, wo man ganz einsam ist und weiß, daß man eine Entscheidung fällt, die niemand einem abnimmt, die man für immer und ewig zu verantworten hat? Haben wir schon einmal versucht, Gott zu *lieben*, dort, wo keine Welle einer gefühlvollen Begeisterung einen mehr trägt, wo man sich und seinen Lebensdrang nicht mehr mit Gott verwechseln kann, dort, wo man meint zu sterben an solcher Liebe, wo sie erscheint wie der Tod und die absolute Verneinung, dort, wo man scheinbar ins Leere und gänzlich Unerhörte zu rufen scheint, dort, wo es wie ein entsetzlicher Sprung ins Bodenlose aussieht, dort, wo alles ungreifbar und scheinbar sinnlos zu werden scheint? Haben wir einmal eine *Pflicht getan*, wo man sie scheinbar nur tun kann mit dem verbrennenden Gefühl, sich wirklich selbst zu verleugnen und auszustreichen, wo man sie scheinbar nur tun kann, indem man eine entsetzliche Dummheit tut, die einem niemand dankt? Waren wir einmal *gut* zu einem Menschen, von dem kein Echo der Dankbarkeit und des Verständnisses zurückkommt, und wir auch nicht durch das Gefühl belohnt werden, ›selbstlos‹, anständig usw. gewesen zu sein?«[62]

Das Gewicht dieser Sätze läßt sich am besten aus dem ureigenen, persönlich-individuellen Erleben erspüren: Aus den Erfahrungen der Ego-Überwindung und der Selbsttranszendenz, der selbstlosen Hingabe an eine Aufgabe und aus der Erfahrung der Alltagspflichterfüllung. Karl Rahner zufolge gibt es nämlich eine *wirkliche Individualethik,* »daß heißt eine ganz persönliche, einmalige Verantwortung für das Leben, (für) die Richtung, die darin eingeschlagen wird, und erst recht (für) das, was darin *getan* wird.«[63] Es handelt sich darum, daß jeder Mensch im Kontext seines Lebens, wozu auch die geschichtlich vermittelte Gläubigkeit und die Sinnsuche, die Spiritualität oder auch der Skeptizismus und Atheismus gehören, wirklich im Modus der individuell-persönlich zu gestaltenden Form mit dem *Unfaßbaren* oder mit dem Geheimnis – und darin mit der Ur-Wahrheit seines Lebens – in Berührung kommt. Es handelt sich letztendlich, so Rahner, um »die Erfahrung der Ewigkeit, (um) die Erfahrung, daß der Geist mehr ist als ein Stück dieser zeitlichen Welt, (um) die Erfahrung, daß der Sinn des Menschen nicht im Sinn und Glück dieser Welt aufgeht, (um) die Erfahrung des Wagnisses und des abspringenden Vertrauens, das eigentlich keine ausweisbare,

---

[62] Karl Rahner, Über die Erfahrung der Gnade, in: Schriften zur Theologie, Einsiedeln–Zürich–Köln: Benziger Verlag 1962, Band 3, S. 106f.
[63] Karl Rahner, Gnade als Freiheit, Freiburg: Herder Verlag 1968, S. 97.

dem Erfolg dieser Welt entnommene Begründung mehr hat.«[64]

Da die Deutlichkeit und Überzeugungskraft der vielfältigen einzelnen derartigen Erfahrungen bei den einzelnen Menschen entsprechend der Verschiedenheit ihres geschichtlichen Daseins sehr verschieden sein kann und ist, sollte und könnte eine Hinführung zum Wesenskern des Glaubens bzw. der eigenen *Ur-Wahrheit* beim einzelnen Menschen nur im Einzelgespräch, in einer individuellen *Logotherapie* möglich sein – bemerkt Karl Rahner.[65]

Den aufmerksamen Leser der Rahnerschen Texte überrascht es im Grunde genommen kaum, daß der große, existentiell denkende Theologe gerade in diesem Zusammenhang von einer *individuell zu gestaltenden Logotherapie* spricht. Die von Viktor Emil *Frankl* begründete und heute weltweit verbreitete Logotherapie und Existenzanalyse als eine *sinnorientierte (Psycho-)Therapie vom Geistigen* her, tut ja genau das, was Rahner hier – Ende der sechziger Jahre – im theologischen Kontext gefordert hat: Die Logotherapie ist dem Menschen auf der Sinnsuche und Sinnfahndung wirksam behilflich, wobei sie ein Instrumentarium anwendet, welches der spezifisch humanen Dimension Rechnung trägt. Die Logotherapie unterstützt mit therapeutischen Mitteln den Prozeß der *Sinn-ent-deckung* und *Sinnfindung* des einzelnen. Sie fördert mit *dem Geistigen des Menschen angemessenen therapeutischen Methoden* diesen einzelnen, konkreten Menschen, indem sie ihm Wege aufzeigt, den

---

[64] Karl Rahner, Schriften zur Theologie, Bd. 3, S. 107.
[65] Karl Rahner, Grundkurs des Glaubens. Einführung in den Begriff des Christentums, Freiburg: Herder Verlag 1976, S. 68.

ihm in Exklusivität aufgetragenen Sinn zu erkennen und wahrzumachen. Der erkannte und wahrgemachte Sinn verankert den Menschen in der wahren Wirklichkeit und das heißt: in *seiner Wahrheit*.

Dieses Urwort »Wahrheit« blieb bis auf den heutigen Tag gar hoch im Kurs, auch wenn die Frage oft nahe lag: was denn zur aktuellen Zeit als Wahrheit gelten solle? Jede Generation hatte ihre Wahrheiten, die von der späteren entwertet oder relativiert wurden. Von solchen Wahrheiten spreche ich hier *nicht*. Ich spreche vielmehr von jener einen *Ur-Wahrheit*, die von keinem Zweifel des Denkens erschüttert werden kann, weil sie von einem – und prinzipiell von jedem – Menschen als innerste und unumstößliche *Gewißheit* erlebt und erfahren werden kann und wird. Es ist jene eine Wahrheit gemeint, die durch *ein Innewerden des innersten Lebensgrundes im eigenen geistigen Ich* offenbar wird. Diese Innewerdung allerdings vollzieht sich, geschieht in der Hingabe an eine Aufgabe: in der Bewegung der Selbsttranszendenz. Diese Bewegung auf einen Sinn hin führt einen Menschen zu seiner Wahrheit und verankert ihn in der wahren Wirklichkeit.

Sinn und *Wahrheit*, genauso wie Sinn und Frieden, haben eine innere Affinität zueinander. Man könnte auch sagen: Sinn und Wahrheit sind Geschwister. Ich sagte vorhin: die Bewußtwerdung der Transzendenz – also die Bewußtwerdung darüber, daß ich, dieser eine konkrete Mensch in einer das Irdische übersteigenden Dimension geborgen bin – im Einzelgespräch, in einer individuell geführten Logotherapie möglich ist. Es ist nun an der Zeit, anhand eines Fallbeispiels aus der Praxis zu zeigen, wie ein Mensch u.U. auch nach wenigen therapeutischen

Impulsen sich zu seiner Ur-Wahrheit durchringt. Ich will aber hier nicht den falschen Eindruck erwecken, als hätte *ich* das gemacht. Jeder Therapeut und jede Therapeutin kann m.E. nur gewisse Impulse setzen, mit denen der Patient dann für sich selbst weiterarbeitet. Eigentlich habe ich die Patientin, über die ich, nach dieser Zwischenbemerkung, berichten will, schon vergessen gehabt, aber dann passierte etwas.

Am 17. Januar 1999 bekam ich einen Brief in unserem Institut, in dem folgendes zu lesen stand:

Lieber Herr Zsok,
vor genau zwei Jahren (14. 01. 1997) war ich bei Ihnen zu einer logotherapeutischen Beratung im Süddeutschen Institut. Damals baten Sie mich, Ihnen nach einiger Zeit zu schreiben, wie es mir mit meinen Problemen weiterhin ergehe. Ich weiß nicht, ob Sie sich überhaupt noch an mich, an die Frau, die ungefähr im Alter Ihrer Mutter ist, erinnern. Ich kam damals zu Ihnen wegen meiner panischen Ängste, vor allem meiner übertriebenen Ängste um meinen 30jährigen Sohn und ich litt damals unter einer starken Harninkontinenz. Da Sie zu beiden Problemen einen persönlichen Zugang hatten – Ihre Großmutter, so sagten Sie, hatte ebenfalls Blasenprobleme, und Sie selbst hatten oder haben eine »überbesorgte« Mutter, – fanden wir sehr rasch zu einem intensiven Gespräch. Sie sagten damals, ich bräuchte keine Therapie und gaben mir Ihr Vertrauen, daß ich es allein schaffen würde. Nun irgendwie hatten Sie recht, ich habe mich wirklich durch diese Probleme mehr oder weniger alleine durchgerungen. Es waren aber fast zwei harte Jahre. Ich habe viel Tagebuch geschrieben, meine Träume versucht zu verstehen, mich, wenn ich allein war, in meine Gefühlszustände

hineinfallen und herauskommen lassen, was da herauskommen wollte. Das war manchmal etwas erschreckend für mich. Ich habe erkannt, daß die Existenzängste, die ich um meinen Sohn hatte, etwas mit *meinen* Existenzängsten zu tun hatten, die ich als kleines Kind in den Kriegszeiten erlebt hatte. Damals fühlte ich mich auch so total ausgeliefert, ungeschützt, alleingelassen, gelähmt vor Angst in einer schrecklichen, bedrohten Welt. Ja, ich habe damals mit angesehen, wie unsere Mutter, unser einziger Halt, selbst ohnmächtig, hilflos vor den Gewehren der nachts eindringenden russischen Soldaten stand. Und mein kleiner Bruder klammerte sich dabei an mich, seine »große Schwester«, vertraute auf mich, die ich selbst total verängstigt war.

Als jetzt unser Sohn um seine berufliche Existenz kämpfte, ja, da tauchten diese Urängste wieder auf und überschwemmten mich in einer dem heutigen Zustand vollkommen unangemessenen Weise.

Wie kam ich da raus? Am meisten hat mir geholfen, daß ich es zugelassen habe, zu schreiben. Ich habe 8 Monate lang ganz aus dem Unbewußten heraus Gedichte geschrieben. Die Reimwörter waren wie eine Angel, an der ich den nächsten Satz aus dem Dunkel gefischt habe. Diese Gedichte sind verdichtete Bilder meiner Angst, meines *Ringens um Vertrauen*. Erst in den letzten Monaten tauchten tröstlichere Verse auf. Dann verschwand das Schreiben, genauso plötzlich wie es erschienen war. Zurückgeblieben ist eine Helga, die wieder den Boden unter den Füßen spürt und *vertrauensvoller* leben kann, die weiß, daß sie und auch die Menschen, die sie liebt, und alle anderen begleitet werden, von welcher Kraft auch immer.

Warum schreibe ich Ihnen?

Nun, Sie haben damals so viel Vertrauen in meine geistigen Selbstheilungskräfte gesetzt und das hat mir damals Kraft gegeben. Es waren aber weniger Ihre Worte als Ihre Gesten, die mich so tief beeindruckt haben. Sie beugten sich damals über den Tisch mir zu, legten Ihre beiden Hände nach oben geöffnet auf die Tischplatte und ich, ich brauchte nur noch meine Hände hineinzulegen. Das war damals eine ganz tiefe Erfahrung für mich. Und als Sie mir beim Abschied so spontan und herzlich den Segen von Oben gewünscht haben – Sie sagten: *alle guten Mächte der geistigen Hierarchie mögen Sie begleiten!* –, da hatte ich das Gefühl, daß ich meine übertriebenen Ängste besiegen werde.

Ich danke Ihnen von Herzen für Ihre Offenheit und Ihr Vertrauen, für Ihr Verständnis und Ihre Empathie und grüße Sie ...

Ich las den Brief, und da ich mich an die Patientin nicht mehr erinnern konnte, blätterte ich neugierig in meinen Notizen aus dem Jahr 1997. Und siehe, ich fand über die besagte Helga die Stichworte jener logotherapeutischen Sitzung: Pensionierte Lehrerin, Jahrgang 1939, seit 35 Jahren in guter Ehe lebend. Dann notierte ich wörtlich einige ihrer Aussagen: »Meine Blasenschwierigkeiten sind medizinisch weitgehend gelöst. Ich führe mit meinem Mann eine gute Ehe. Um meinen Sohn, 31, habe ich oft Angst, Panik, Existenzängste. Er studiert jetzt fürs Lehramt. Ich projiziere auf ihn meine früheren Existenzängste. Wie kann, wie soll ich die Angst bekämpfen? Manchmal habe ich Groll auf dieses Leben, daß es so viel Angst beinhaltet. Trotz Pensionierung bin ich aktiv. Ich betreue ausländische Kinder und sie machen mir viel Freude, da habe ich keine Angst und bin selbstvergessend. Was meinen Sohn anbelangt: Ich wollte ihm immer Angst ersparen, ihm keine Angst zumuten.« – Ich las also diese Notizen und entschied mich, der Patientin zu antworten. Ich bat sie um die Zusendung jener Gedichte, die den *Durchbruch* zum Licht, die *Wende* von der Angst zum Urvertrauen, die *Umkehr* von den täuschenden Vorstellungen der trügerischen Ego-Spiele zur eigenen Wahrheit beschreiben. Ein paar Tage später bekam ich die Texte. Die Patientin schrieb dazu folgende Erläuterungen:

Der eigentliche Wendepunkt in meinem Erleben ereignete sich im Februar 1998 mit dem Gedicht »Willkommen auf der Erde«, und ich möchte Ihnen gern näher erklären, wie es entstanden ist. Eine Freundin, die an diesem Tag zu Besuch kommen wollte, hatte plötzlich kurzfristig abgesagt. Ich hatte also ungefähr zwei Stunden Zeit für mich. Ich entschloß mich spontan zu einem Spaziergang. Es war ein strahlender Wintertag, verschneit, sonnig. Ich fuhr zu einem nahegelegenen kleinen See und spazierte zuerst am sonnigen Ufer entlang, dann am Rückweg mitten auf dem zugefrorenen See. Ich war tief versunken in Gedanken, bedrückt über meine nächtlichen Träume, ließ den Kopf hängen, spürte kaum die Sonne, die mir den Rücken wärmte. Dann drehte ich mich plötzlich um. Die Sonne fing mich ganz ein, die Schneekristalle auf dem See glitzerten tausendfältig und die verschneiten Baumreihen an beiden Ufern des Sees waren wie große schützende Arme. Ich war einfach überwältigt. Angesichts dieser *Schönheit*, die mich so unvorbereitet traf, fühlte ich mich zutiefst beglückt, ja geliebt. Und genau wie ich damals meine Hände in Ihre offenen Hände hinlegte, so ließ ich mich in diese ausgebreiteten Arme fallen und eine Stimme in mir sagte: »*Willkommen auf der Erde!*« Als ich dann später zum Auto zurückging, *sang es* in mir immer wieder »*Willkommen auf der Erde.*« Gleich im Auto kritzelte ich auf einen kleinen Notizzettel die weiteren Verse.

Mir ist heute klar, daß bis zu diesem Zeitpunkt mein Grundlebensgefühl mehr dem entsprach, daß ich eigentlich eine Last für die Menschen meiner Umgebung war, ein Störfaktor, den es galt durch gutes Verhalten abzumildern. Seitdem aber hat sich mein Lebensgrundgefühl verschoben, seitdem weiß ich, ich bin willkommen, da ist jemand, der will, daß ich da bin, der hat vorgesorgt, der begleitet mich weiter auf meinem Weg und der weiß, warum ich hier bin, wohin mein Ziel führt. Verstehen Sie, ich habe das nicht nur gedacht, ich habe es zutiefst *erfahren*, *erlebt*, *gefühlt*. Ich weiß es seitdem. Es war einfach ein Geschenk, eine *Gnade*.

Sicher gibt es jetzt auch depressive Phasen in meinem Leben, gibt es ein Auf und Ab der Gefühle, aber etwas ist dabei *anders. Der Stachel der Verzweiflung ist weg.* Ich weiß um die *eigentliche Realität* meines Lebens.

Das ist m. E. die ureigene Wahrheit dieser Frau: diese innere Gewißheit um die eigentliche Realität, um die eigene in der wahren Wirklichkeit gründende Wahrheit ihres Lebens. Sicher waren ihre Ängste und Depressionen auch Wirklichkeit, aber noch nicht die wahre, urtiefe, wesenhaft geistige Wirklichkeit, in der des Menschen innerster Wesenskern gründet. Wir alle wissen, daß in der psychophysischen Dimension gar viele Kräfte und Mächte wirken und uns quälen können (Angst- und Zwangsvorstellungen, depressive Stimmungen, hysterische Reaktionen usw.). Das Auf und Ab der Gefühle, die Panik und die Existenzängste waren aber bei dieser Frau noch nicht jene Dimension der Transzendenz, in der das eigentlich Menschliche sozusagen für sich selbst transparent – für seine eigene Wahrheit durchsichtig – wird. Die Patientin mußte sich zunächst zu ihrer eigenen Höhe *durchringen*, um ihre ureigene Wahrheit zu finden. Jene ihre eigene Wahrheit, die sie erfahren, erlebt und gefühlt hat, ist letztlich unaussprechbar. Denn sie ist eine ursprüngliche und letzte Wirklichkeit, die im Erleben eines Menschen sich als Gewißheit bemerkbar macht. Oder anders ausgedrückt: die eine Ur-Wahrheit enthüllt und entfaltet sich selbst raumzeitlich in jener bestimmten *Form*, welche dem einzelnen Menschen *entspricht*. Wie nun die oben zitierte Frau ihrer Wahrheit Ausdruck verliehen hat, soll durch das Gedicht »*Willkommen*« verdeutlicht werden. Es entstand an dem besagten Tag im Februar 1998, an dem Helga ihres Lebensgrundes Gewahr wurde. Da steht zu lesen:

> »*Willkommen auf der Erde,*
> *willkommen in meinem Sein und Werde.*
> *Ich bette dich ganz warm*
> *und halte dich in meinem Arm.*
> *Mach auf die neuen Augen dein*
> *und sieh die Schönheit mein.*
> *All dies ist für dich bereitet,*
> *damit sich deine Freude weitet.*
> *In dieser Freude kannst du leben*
> *und zum Sein wird sein dein ganzes Streben.*
> *Ich kümmere mich um dich*
> *und begleite dich unaufhörlich*
> *mit meiner weisen, liebevollen Kraft,*
> *die immer wieder neu die Lieb' erschafft.*«

Zu dieser befreienden Wahrheit, die im Innenraum der Seele dieser Frau einmal Gewißheit geworden ist, brauche ich keinen Kommentar hinzuzufügen. Mir scheint, daß ihr gelungen ist, nach einem gewissen Spielraum, nach einer längeren Analyse im Medium des Schreibens und nach der Ausdeutung ihrer Wahrnehmungen und Empfindungen, ihre eigene *Mittelpunktswahrheit* zu finden. Eine solche Inne- und Bewußtwerdung der Geborgenheit in der Transzendenz ist etwas Ursprüngliches. Es ist Hinfindung zur *existentiellen Wahrheit*. Man kann sie als solche zerreden und zerlegen, oder man kann sie in Ehrfurcht hinnehmen.

Der transsubjektive Charakter des Logos oder der nicht machbare Sinn der Logotherapie

Im zweiten Teil dieses Vortrages möchte ich anhand eines Zitates von Frankl fünf grundsätzliche Reflexionen zum objektiven Charakter des Sinnbegriffes darlegen.

»Das menschliche Sein ist immer schon ein Sein auf den Sinn hin, mag es ihn auch noch so wenig kennen: es ist da so etwas wie ein *Vorwissen um den Sinn*, und eine Ahnung vom Sinn liegt auch dem in der Logotherapie sogenannten *Willen zum Sinn* zugrunde. Ob er es will oder nicht, ob er es wahrhat oder nicht – der Mensch glaubt an einen Sinn, solange er atmet. Noch der Selbstmörder glaubt an einen Sinn, wenn auch nicht des Lebens, des Weiterlebens, so doch des Sterbens. Glaubte er wirklich an keinerlei Sinn mehr – er könnte eigentlich keinen Finger rühren und schon darum nicht zum Selbstmord schreiten« (Frankl).[66]

(1) Es geht mir um den *transsubjektiven* Charakter dessen, was der Begriff *Sinn* in sich beinhaltet. Jene Menschen, die behaupten, es gäbe keinen objektiven Sinn, denn alles sei nur und ausschließlich subjektiv, dem Belieben, der Einsicht oder letztlich sogar der Willkür des Subjekts Mensch anheimgestellt, übersehen, daß der Sinn der Logotherapie ein »*vorgegebener*« Sinn ist, der sehr wohl *ent-deckt*, aber nicht »konstruiert« und nicht »gemacht« werden kann. Gewiß kann jeder behaupten, was er will. Man kann beispielsweise leicht behaupten, daß, wenn für jemanden einen Sinn hat, terroristische Aktio-

---

[66] Viktor Emil Frankl, Der Wille zum Sinn. Ausgewählte Vorträge über Logotherapie, München: Piper Verlag 1991, S. 118.

nen durchzuführen, dann das sein »persönlicher Sinn« ist. Nur sollte man sich darüber im Klaren sein, daß sich eine solche Behauptung nicht auf Viktor *Frankl* berufen kann und darf, denn sie entspricht *keineswegs* dem genuin logotherapeutischen Konzept. Man kann freilich den Sinn nicht verordnen oder jemandem aufzwingen; auch in der Logotherapie kann der Sinn nicht auf Rezept sozusagen »objektivistisch« gegeben oder vorgeschrieben werden. Viktor *Frankl* drückt es so aus:

»Es ist wohl verständlich, daß so etwas wie Lebenssinn nicht ärztlich verordnet werden kann. Es gehört nicht zu den Aufgaben des Arztes, dem Leben des Patienten Sinn zu geben; aber es mag sehr wohl eine Aufgabe des Arztes sein, im Wege einer Existenzanalyse den Patienten instand zu setzen, im Leben einen Sinn *zu finden*, und ich halte eben dafür, daß der Sinn jeweils *zu finden* ist, also *nicht* mehr oder weniger *willkürlich* in etwas hineingelegt werden kann. [Es waren] CRUMBAUGH und MAHOLICK, die ... darauf aufmerksam gemacht haben, daß das Herauslesen von Sinn aus einer gegebenen Situation dem *Erfassen einer Gestalt* gleichkommt. Niemand geringerer als WERTHEIMER schlägt in dieselbe Kerbe, wenn er von einem der jeweiligen Situation innewohnenden *Forderungscharakter*, ja von dem *objektiven* Charakter dieser Forderung spricht.«[67] Und dann fügt er noch hinzu:
»Was die Sinn-Wahrnehmung gegenüber der Gestalt-Wahrnehmung auszeichnet, ist meines Erachtens folgendes: Es wird nicht einfach eine ›Figur‹ wahrgenommen,

---

[67] Viktor Emil Frankl, Ärztliche Seelsorge, Frankfurt am Main: Fischer Taschenbuch Verlag 1987, S. 291f. (Hervorhebungen im Text von mir – O. Zs.).

die uns vor einem ›Grund‹ in die Augen springt, sondern bei der Sinn-Wahrnehmung handelt es sich um die Entdeckung einer Möglichkeit vor dem Hintergrund der Wirklichkeit. Und zwar handelt es sich um die Möglichkeit, die Wirklichkeit [so oder so] zu verändern.«[68]

Ein Beispiel: Wenn ein Ehepaar sich trennt und dabei die Regelung des Umgangs mit dem Kind besprochen werden sollte, dann hat dieses Paar u.a. die Möglichkeit, die Realität der Trennung so zu verändern, daß es sich bekriegt und das eigene Kind als Schlachtfeld benutzt. Oder das Paar kann, trotz Trennung, eine gütige und dem Wohl des Kindes entsprechende Lösung anstreben. Oder das Paar wählt die Möglichkeit, das Kind in ein Pflegeheim zu stecken usw. Welche der verschiedenen Möglichkeiten gewählt wird, ist offensichtlich *nicht* gleichwertig. Es ist ein Irrtum anzunehmen, daß der in solch einer Konfliktsituation vorgegebene Sinn willkürlich »konstruiert« werden könnte. Willkürlich und beliebig kann höchstens die Entscheidung des Paares oder eines Elternteiles sein, z.B. dann, wenn die Frau den Mann, oder der Mann die Frau mit unsauberen Mitteln vom Umgang mit dem Kind ausschließen will. Der Situation innewohnende Forderungscharakter aber bzw. der wahrzumachende Sinn ist hier ziemlich eindeutig. Mit anderen Worten: Die Wirklichkeit, welche so oder so gestaltet werden kann, je nachdem, welche Möglichkeiten Mann und Frau wählen, läßt sich nur dann sinnvoll verändern, wenn die agierenden Personen *sinn- und wertorientiert* zu handeln sich bemühen. Sie können natürlich auch entwertend und sinnwidrig handeln, aber dann gehen sie

---

[68] Ebenda, S. 315.

an dem Sinn und an ihrer Mittelpunktswahrheit vorbei. Anders formuliert: sie verfehlen den Sinn.

Ich zitiere hier, um den Franklschen Sinnbegriff philosophisch zu unterstützen, Theodor Wiesengrund *Adorno* (1903–1969), der folgendes schreibt:

»Der Begriff des Sinns involviert *Objektivität* jenseits allen Machens; als gemachter ist er bereits Fiktion, verdoppelt das (sei es auch kollektive) Subjekt und betrügt es um das, was er zu gewähren scheint.«[69] –

Mit anderen Worten: Es gibt eben objektive – und das heißt: *nicht willkürlich machbare*, *nicht subjektivistisch postulierbare*, nicht per Dekret herbeizuschaffende oder *konstruierbare* – »Maßstäbe der Sinnhaftigkeit menschlichen Tuns und Lassens«, die man nicht beliebig, willkürlich und subjektivistisch hin- und herbeugen kann. *Sinn ist dem Wollen Vorausliegendes oder gar nichts.* Dieser Satz gilt unbedingt, ohne »wenn« und »aber«. Im Kontext des vorhin erwähnten Beispiels gesprochen: Das getrennte Ehepaar erkennt *vor* jedem Wollen, daß das gemeinsame Kind durch das Faktum seiner Existenz der Mann-Frau-Dissonanzen *vorausliegt*. Es ist objektiv und subjektiv da und stellt für das Elternpaar eine gemeinsame Verantwortung und Aufgabe dar, denn – ich wiederhole –: *Sinn ist eine dem Wollen vorausliegende Größe oder gar nichts.*

(2) Dieses objektiv, d.h. transsubjektiv vorgegebene, *Logos-hafte* soll in der Therapie erschlossen, ent-deckt werden – und zwar bezogen auf die einmalige Situation und Person des Patienten, oder bezogen auf das »Wir« (in

---

[69] Theodor Wiesengrund Adorno, Negative Dialektik, Frankfurt am Main: Suhrkamp Verlag 1994, S. 369.

der Familien- und Paartherapie). Genau bei der *Entdeckung jener einmaligen Sinn-Gestalt*, die »mich« oder »mich« und »dich« oder »uns« angeht, hilft dem Patienten sein ureigenes *Gewissen* als »Sinnorgan«, das ja ein ursprünglich menschliches Phänomen ist. Gewissen, Sinn-, Wert-, und Selbstbewußtsein gehören eng zusammen, da sie verschiedene Aspekte der einen ursprünglichen *Geistigkeit* des Menschen sind. Das menschliche Bewußtsein ist *nicht* Schöpfer der Wirklichkeit: auch dann nicht, wenn es mit der Wirklichkeit schöpferisch umgehen kann. Der menschliche Geist ist nicht Schöpfer (der Wirklichkeit), sondern als »*Wirklichkeit erfassende Wirklichkeit*« erkennt er gemäß seinem Auffassungsvermögen das, was »*ist*« und das, was *sein sollte* und *könnte*, nämlich: den Logos, den Sinn im Sein und den Wert im Dasein. Freilich schließt das nicht aus, daß der *menschliche Geist* als Träger des Bewußtseins das wahrgenommene Wirkliche (nämlich das Nicht-Ich und sich selbst) nicht schöpferisch gestalten und formen könnte. Sehr wohl kann er das, wie jedes große Kunstwerk, jede Wissenschaft und die Technik oder die Gestaltung des Chaos im Alltagsleben zeigen; doch *jede* Wirklichkeitsgestaltung – einschließlich die Eroberung der Natur und des Kosmos mit Hilfe der Technik – muß notwendig und unausweichlich gewisse, der Wirklichkeit selber *inhärente* physikalische und geistige (oder ethische) Gesetze beachten, sonst driftet sie in die Illusion und die Sphäre der plastischen Phantasie ab oder entartet in der sinnwidrigen Zerstörung der Mit- und Umwelt.

(3) Ich sagte bereits: *Sinn ist eine dem Wollen vorausliegende, transsubjektive Größe oder gar nichts*. Damit will ich keineswegs behaupten, daß alles, was viele Men-

schen für objektiv sinnvoll (richtig und wahr, schön und gut) wähnen, dieses Prädikat wirklich auch verdient. Man kann, wie gesagt, auch eine terroristische Aktion – im Namen einer Ideologie – für »sinnvoll« deklarieren, aber sie ist dennoch nicht sinnvoll. Man kann die albanische Zivilbevölkerung – Frauen und kleine Kinder – im Kosovo aus ihren Dörfern wegjagen und töten z.B. im Namen einer nationalistischen Ideologie – im Namen des »Großserbien-Wahnsinns« –, die für manche machtbesessene Politiker *zweckmäßig* scheinen mag, aber sinnvoll ist das Töten und die Verachtung der Menschenrechte freilich *nicht*.

Was für die Politik gilt, gilt auch für die Ökonomie und Industrie, sagt Hans *Küng* und fügt hinzu: »Immer wieder werden uns von Ökonomen bei all ihren berechtigten Argumenten (etwa kritische Hinweise auf die Opportunitätskosten) *faktische ›Sachzwänge‹* als *axiomatische Denkzwänge* hingestellt; grundsätzliche Alternativen scheinen dann praktisch ausgeschlossen. Doch was uns da von Fachexperten als ›Eigengesetzlichkeit‹ oder quasi natürliche ökonomische Sachzwänge präsentiert wird, braucht von den demokratisch gewählten Repräsentanten der Politik nicht (und von [*sinnbezogenen*] Ethikern erst recht nicht) von vornherein hingenommen oder gar noch nachträglich legitimiert zu werden. Daß unseren Studenten zum Beispiel die ›Sachlogik‹ für die 23 Eurofighter-Milliarden angesichts darbender Universitätsbibliotheken nach wie vor nicht einleuchten will, [nach wie vor unsinnig ist], ist verständlich« (Hans Küng).[70] Wir ergänzen:

---

[70] Hans Küng/Karl-Josef Kuschel (Hg.), Wissenschaft und Weltethos, München: Piper Verlag 1998, S. 31.

Verständlich deshalb, weil die Studenten den Sinn (den *Logos*) im gesellschaftlichen Kontext erspüren und im Namen eines fundamental humanistischen Wert-Denkens und einer grundlegenden Wahrheit mit Recht protestieren. Die Stundenten spüren, daß Sinn und ethischer Wert bzw. *Logos* und *Ethos* Geschwister sind. Die Studenten spüren, daß es der Wahrheit des spezifisch Humanen zuwiderläuft, wenn man Bomben bauen will statt Kulturgüter zu pflegen.

Der »Großserbien-Wahnsinn«, um bei diesem Beispiel zu bleiben, mag zwar »zweckmäßig« und »zweckdienlich« sein, sie mag weiterhin einem ideologischen Anspruch oder einem Machtstreben einer bestimmten Gruppe bzw. einer sog. Führungspersönlichkeit entsprechen – doch sie hat dann nichts mit dem *Logos* zu schaffen; denn der Logos ist nicht machbar, er kann nicht »konstruiert«, aber er kann sehr wohl gefunden, entdeckt, *wahr*-genommen und so *wahr*-gemacht werden. Wer deshalb den Logos, den *objektiven Sinnbegriff* aus der Logotherapie hinauskatapultieren will, der kann und darf sich nicht mehr auf Viktor *Frankl* berufen. Derjenige muß dann seinen eigenen Standpunkt begründen und vertreten, und mit seinem eigenen Namen dafür einstehen (z.B. »personale Existenzanalyse nach Längle« oder »Logo-ähnliche sinn-›schaffende‹ Methodik nach« ... sowieso). –

(4) Es geht mir, viertens, um den *menschlichen Geist, um das geistig-personale Ich*. Das ist nicht mit dem Über-Ich, mit dem Ego oder mit dem psychologischen, empirisch meßbaren »kleinen Ich« zu verwechseln. Was die Psychologie am Menschen empirisch gemessen hat oder noch messen wird, ist *nicht* das Geistige, *nicht* das geistig-personale Ich. *Geist* ist auch *nicht* mit Verstand

oder Vernunft gleichzusetzen. Der Geist *bedient sich* dem Verstand und der Vernunft, um sich in dieser physisch-sinnlichen Welt ausdrücken und hier handeln zu können.

Mit einem Bild und einem Gleichnis möchte ich das Gesagte ergänzen. Die mannigfachen Kräfte im Menschen bilden, kraft des Geistigen, eine Einheit und Ganzheit. Freilich wird diese Einheit prozeßhaft, während des ganzen Lebens gebaut, indem es immer wieder zur *Konfrontation der eigenen Existenz mit dem Logos kommt*. In der *psychischen* Dimension hat jeder Mensch große Mühe, die auseinanderstrebenden Kräfte – die ganze Gefühlswelt, die Leidenschaften und die Affekte, ja sogar die eigenen Gedanken – zusammenzuhalten. Die *harmonische Bündelung der auseinanderstrebenden Kräfte in uns selbst*, ähnelt dem kunstvollen Spiel eines Oboisten im Orchester. Die Oboe muß sich selbst, die ihr vom Komponisten her zugedachte Melodie spielen – eingebunden in das *Gesamtgefüge des Orchesters* und unter der *Leitung des Dirigenten*. Nicht auszudenken, was passieren würde, wenn der Oboist mitten im Konzert ein anderes Instrument (z.B. die Bratsche) nachahmen oder eine andere Melodie spielen würde. Was besagt dieses Bild? In der Mannigfaltigkeit der menschlichen Kräfte ist das *geistig-personale Ich* (der Geist, der »*Nous*«) jener *Dirigent*, der darauf achtet, daß das (Zusammen-)Spiel der Kräfte *harmonisch* wird. Doch auch der Dirigent *orientiert sich an der* (vom Komponisten erstellte und somit *vor*gegebene) *Partitur* (das wäre der *transsubjektive*, nicht willkürlich-subjektivistisch machbare und somit ebenfalls *vorgegebene Logos*); darüber hinaus aber, vertraut der Dirigent *seiner* eigenen, persönlichen (*Hör-*)*Fähigkeit*, die verinnerlichte Partitur musikalisch wiedergeben zu können. Diese Fähigkeit wäre, um wiederum bildhaft zu sprechen, das *Gewissen* des Menschen, das im *Innersten Inneren* horcht und abhört, was von außen her (in einer konkreten Situation) als »Anruf des Logos« an den Menschen zur Verwirklichung herangetragen wird. Dieses *Gewissen* ist *nicht* kulturell determiniert. Es ist höchstens gefärbt und geprägt vom Wertsystem oder von den Wertsystemen der jeweiligen Kultur. Was kulturell wirklich bedingt ist, ist die *Zugangsform* zu den Werten, aber man kann nicht ernsthaft leugnen, *daß* es – in allen Kulturen – *verbindliche Werte gibt*. Wer nämlich im Namen eines sog. »kulturellen Relativismus« an allem zweifeln wollte, der könnte nicht einmal zweifeln – wie der späte Ludwig *Wittgenstein* sinngemäß sagte.

(5) Schließlich muß betont werden, daß bei allen psychologischen Untersuchungen und Entwicklungen, bei aller wissenschaftlicher Forschung wir Menschen immer wieder an *quantitativ* angebbare Grenzen stoßen werden. Wir sollten nüchtern erkennen und akzeptieren, daß das quantifizierbare Element (im Menschen) vermutlich weniger als ein Drittel der *Gesamtwirklichkeit* des Menschseins ausmacht.

Das *Geheimnis Mensch* beginnt erst darüber hinaus oder wie Ludwig *Wittgenstein* sagte:

»Wir fühlen, daß, selbst wenn alle *möglichen* wissenschaftlichen Fragen beantwortet sind, unsere Lebensprobleme noch gar nicht berührt sind. Freilich bleibt dann eben keine Frage mehr; und ebendies ist die Antwort. Die Lösung des Problems des Lebens merkt man am Verschwinden dieses Problems. (Ist nicht dies der Grund, warum Menschen, denen der Sinn des Lebens nach langen Zweifeln klarwurde, warum diese dann nicht sagen konnten, worin dieser Sinn bestand?)«[71] Ohne eine Art »Gespür« oder »Antenne für das Mysterium« und »für das Sakrale« werden wir in der Logotherapie keine echte Fortentwicklung erzielen bzw. wir werden versuchen, die Logotherapie in eine *quantifizierbare Psychologie* umzuwandeln. Ob das der zukünftige Weg der Weiterentwicklung ist? Es muß sich noch zeigen, aber jetzt schon, wage ich zu behaupten: nein! Was am Menschen meßbar ist, soll gewiß erforscht und gemessen werden. Man sollte aber die Ehrfurcht vor dem Geheimnis des Menschseins nicht fallen lassen. Die Worte des französischen Philosophen Gabriel *Marcel* sind hier maßgebend: »*Es gibt keine Erkenntnis des Wirklichen ohne eine Art existentieller Erschütterung*«. – Das gilt auch in der und für die Logotherapie. Wir dürfen den wahren Geist der Franklschen Logotherapie nicht auslöschen. Er ist sehr kostbar. –

---

[71] Tractatus logico-philosophicus, 6.52 und 6.521.

5. DER WEG ZUM GEISTIGEN IST MÜHSAM

Drei Variationen zu diesem Thema – im ernstheiteren und ironischen Ton

1. Variation:
Das Glück muß gebaut werden

Für einen Durchschnittsmenschen in Mittel- oder Westeuropa wird sich die Frage nach dem Geist kaum oder nur dann stellen, wenn sein körperliches und psychisches Wohlbefinden bedroht ist; wenn er sich plötzlich mit dem Tod konfrontiert sieht. Im Grunde aber müßte niemand auf solche Bedrohung warten, um seiner geistigen Dimension bewußt zu werden, denn ein jeder Mensch, der die Teenagerzeit hinter sich gebracht und ein Minimum an Offenheit für das Geheimnis dieses Lebens bewahrt hat, begegnet in *seinem* Alltag, – ja, sogar in sich selbst – dem wesenhaften Geist. Das kann plötzlich oder in einem Prozeß der allmählich wachsenden Bewußtwerdung geschehen. Das Wort »Geist« bedeutet hier *nicht* irgendeine Tätigkeit der Ganglienzellen des Gehirns, sondern es ist eine Bezeichnung für den reinen wesenhaften Geist, der uns aus der jüdisch-christlichen Überlieferung als »heiliger« Geist oder als »Hauch der Gottheit« bekannt ist (hoffentlich!).

Es ist nicht möglich, auf Ur-Worte wie »Seele« und »Geist« zu verzichten. Sie bezeichnen eine andere *ontologische* Dimension, eine *andere Realität* als die bloß physikalisch-empirisch meßbare, verifizierbare und zerlegbare materielle Realität. Beim Hören der großen Musik, – z.B. der Musik von *Bach*, *Mozart*, *Beethoven*,

Bruckner, – stoßen wir auf eine Wirklichkeitsdimension, die nicht mehr der kausal-empirischen Realität angehört, sondern nur der Transzendenz, nur einer geistigen Wirklichkeit zugeordnet werden kann. Der erleuchtete Maler *Bô Yin Râ* schreibt:

»Wohl weiß ich zu verstehen, wenn gesagt wird: ›Es gibt nichts *Übernatürliches!*‹ – ›Auch das Unbegreiflichste, das unseren irdischen Sinnen begegnen kann, ist noch *innerhalb* der Natur!‹ – und wenn man so die *Einheit* allen Lebens für eigenes Verstehen und Deuten wahren möchte. Aber mit solchen Worten *täuschen* wir uns dennoch *selbst;* denn es gibt *wahrlich* etwas, das von *gänzlich anderer* Beschaffenheit ist als alles, was wir gemeinhin, und selbst im *weitesten* Sinne, als ›Die Natur‹ betrachten!

Es gibt wahrlich etwas, das *nicht innerhalb* der von uns als ›gesetzmäßig bedingt‹ *erkannten* Abläufe des Geschehens liegt, – das *gänzlich anderen* Bedingungen gehorcht, als alles, was wir als physische ›Natur‹ erkennen! Wollen wir dieses so völlig Andersartige *auch* im Sinne der Alltagsrede zur ›Natur‹ rechnen, so *verwirren* wir nur *in unserer Vorstellung,* was *in Wirklichkeit klar geschieden* ist, trotz der allem *übergeordneten* Einheit (...) Es gibt Regionen des Geschehens, die völlig unerkannt bleiben, solange man sie in kontinuierlichem Zusammenhang mit jenen Möglichkeiten des Geschehens glaubt, die uns als *naturgesetzlich* begründet erscheinen. –

Zwei Worte stehen mir zur Bezeichnung dieser höheren Regionen zur Wahl: ›*Seele*‹ und ›*Geist*‹.[72]«

---

[72] Bô Yin Râ, Mehr Licht, Bern: Kober Verlag 1989, S. 153–156.

Worauf dieser Text hinaus will, ist die Klarheit darüber, daß wir Menschen nicht bloß Teile dieser materiellen, physischen Welt sind, sondern »etwas« in uns »haben«, das diese Welt transzendiert. Es gibt Ur-Worte der Sprache, auf die wir *nicht* verzichten können, weil sie eine ursprüngliche Wirklichkeitsdimension, eine dem Menschsein selbst inhärente Größe kennzeichnen. Viktor Frankl nannte sie *geistige Person*. Meines Erachtens soll diese geistige Person, dieses geistige Ich im Laufe der irdischen Jahre und im Zustand der Inkarnation immer mehr bereichert und entfaltet werden, und zwar dadurch, daß der Mensch sein *Gehirn*bewußtsein mit seinem *geistigen* Bewußtsein Schritt für Schritt vereint. Es geht um die Vereinigung des *äußeren* mit dem *inneren* Menschen. Dabei hat alles, was ein Mensch erlebt, eine Bedeutung. Logotherapeutisch gesagt: In jeder Situation verbirgt sich ein Sinn, den es zu entdecken und wahrzumachen gilt. Beim Schreiben dieser Zeilen, Ende Juni 1999, frage ich mich angesichts der Massaker auf dem Balkan, ob auch der Krieg im Kosovo einen Sinn in sich birgt. Ich meine: ja, allerdings unter der Voraussetzung, daß viele, sehr viele einzelne Menschen in Europa sich entschlossen darum bemühen, den Frieden und das Glück *in sich selbst* anzustreben. Daraus entstünde ein »Netz der Friedvollen und Glücklichen«, das langsam das Angesicht des alten Europas erneuern könnte. Solange aber einzelne Menschen, Gruppierungen und Parteien, Mann und Frau sich bekriegen, – d.h. in Haß und Dauerstreit leben, – wird auf Erden niemals dauerhafter Friede herrschen. Der Keim des zerstörerischen Unfriedens und des lebensfeindlichen Krieges befindet sich meiner Meinung nach in der kleinsten Zelle der Menschheit: – in der Familie, und dort innerhalb der Paarbeziehung. Nicht in der Außenwelt beginnt der Krieg, sondern in der Innenwelt des Menschen: In mir, in dir, in uns ...

Man stelle sich lebhaft vor:

Jeden Tag und in jeder Stunde passiert es auf dieser Erde, daß ein Mann und eine Frau in einem bestimmten, undefinierbaren *Augenblick* zusammenfinden. Sie verlieben sich ineinander und wollen – gemäß der männlichen und weiblichen ergänzungsbedürftigen Natur – glücklich sein. Und was geschieht später? Man möge genau hinschauen. Partnerschaften und Ehen, die im Glück begonnen haben, enden bald in Trennung, Streit und Haß. Die Erwachsenen tun mir nicht leid, aber die Kinder: – *sie* tun mir leid. Gewiß soll unrettbar Zerrüttetes nicht bis zum bitteren Ende gelebt werden, nur weil man verheiratet ist. Der Fortschritt in Beziehungen ist fast immer mit *Schuld* verbunden. Wenn sie wollen, können die Erwachsenen die Schuld in Wandlung transformieren. Sie können an ihrer eigenen Schuld wachsen. Aber was ist mit den kleinen Kindern? Schlimme Auswirkungen hat die Schuld der Erwachsenen, wenn bei *Trennungen* und *Scheidungen* kleine Kinder seelisch verletzt, wenn kleine Kinder sozusagen als »Waffe« oder als »Schlachtfeld« benutzt werden. Einer der zentralsten Aufgaben heute und für die Zukunft besteht darin, daß Erwachsene, die sich trennen, die kleinen Kinder aufs Maximum *verschonen*. Nach den Worten einer Frau, die folgendes schrieb: »Ich bin ein Kind, das in einem Scheidungskrieg aufgewachsen ist. Eine Zeitlang habe ich meiner Mutter wirklich geglaubt, daß mein Vater mich nicht mehr liebt. Den Verboten meiner Mutter, ihn zu sehen, konnte ich mich nur durch Abhauen widersetzen. Obwohl er inzwischen mein bester Freund geworden ist, *kann uns niemand die versäumten Jahre und Chancen wiederbringen.* Ich kann nur an alle Mütter appellieren: Die Verzweiflung und die Einsamkeit sind unermeßlich.«[73]

Dieses »uns kann niemand die versäumten Jahre und Chancen wiederbringen« macht die Verantwortung der Erwachsenen gegenüber den Kindern aus. Die nicht wahrgenommene Verantwortung für den objektiv gegebenen Sinn solcher Situationen bewirkt in den Seelen der Kinder langfristig Leid, Kummer, Störungen der geschlechtlichen Identität usw. Diese von Erwachsenen – oft bewußt und auf eine perfide Art – in die Welt gesetzte Schuld ist in meinen Augen eine *schwere Sünde*. Die Konsequenzen bleiben, leider, nicht aus. Noch ein zweites Beispiel einer anderen Frau sei zitiert, die aufzuwachen beginnt:

»Auch ich konnte einige Male der Versuchung nicht widerstehen, meine mir vom Staat in die Hand gegebene Macht auszuspielen und meinem Mann zu drohen, das alleinige Sorgerecht zu beantragen, nach dem Motto: Tust du nicht, was ich sage, ist es aus, mit dem gemeinsamen Sorgerecht. Das ist *dumm* und *ungerecht* und zeigt eigentlich auch nur *die eigene Unfähigkeit* zur Kompromißbereitschaft. Wir sollten einmal mehr an *unsere Kinder* denken, vor allem und gerade, wenn die Beziehung der Eltern zerbricht.«[74]

Was sagt, so frage ich, das *Sinn-Organ* Gewissen, wenn die Eltern sich scheiden lassen und Kinder mit im Spiel sind? Daß die Kinder als Schlachtfeld benutzt und mißbraucht werden dürfen, um paarinterne Schwierigkeiten zu lösen? Nein, das kann höchstens ein *perverses* Denken oder die *Rachsucht* suggerieren. Das Gewissen

---

[73] Sabine Heyse, in: Der Spiegel, Nr. 49/1997, Brief.
[74] Ebenda.

signalisiert die Ausrichtung auf den Sinn der Situation. Das Wohl des Kindes ist sinnvoll. Es steht auf dem ersten Platz und fordert durch seine Existenz die Eltern heraus, den *sinnvollen Konsens* zu suchen. Denn: Im Menschengeiste ist der *Wille* durchaus fähig, sich auch im Willen eines *anderen* Menschen *wiederzuerkennen*. Genau dadurch kann ein Mensch bewußt den Ausgleich mit dem anderen Menschen suchen. Somit wahrt er den Frieden durch Disziplin des Willens, der dann nicht mehr nur sich allein, sondern auch *den Willen des anderen bejaht*. Genau so wird Sinn gesucht und entdeckt.

Sinn-Suche ist Lebens-Suche. Sinn-Suche ist: Aufdeckung von lebbaren, lebensfördernden und darum wertvollen Möglichkeiten. Aufdeckung dessen, was noch »werdbar« und »gestaltbar« ist, trotz der Verstrickung und der Verzweiflung. Sinn-Suche auf dem Weg zur Selbsttranszendenz peilt einen *Wert* an, der mich als Einzelner oder eine Familiensituation angeht, in der mehrere Personen *miteinander* schicksalhaft involviert sind. In den Erörterungen zum neuen Kindschaftsrecht in Deutschland heißt es auf die Frage – »Was passiert, wenn der Elternteil, bei dem das Kind lebt, den Umgang verhindern will?« – fast im logotherapeutischen Stil:

Es besteht die Möglichkeit, »beim Familiengericht einen Antrag auf Regelung des Umgangsrechts zu stellen. Das Familiengericht wird auf eine *gütliche Einigung* der Eltern hinwirken, indem es den Eltern erläutert, welche *Bedeutung* der Umgang des Kindes [der gemeinsame Logos, kann man sagen] mit beiden Elternteilen hat. (...) Das neu eingeführte Umgangsrecht des Kindes entfaltet ebenfalls *Signalwirkung* für den Elternteil, der den Umgang des Kindes mit dem anderen Elternteil verhindern will. Diesem Elternteil wird damit deutlich vor Augen geführt, daß er nicht lediglich das Recht des anderen Elternteils, sondern vielmehr auch *das Recht des Kindes* vereitelt und damit grundsätzlich nicht im Interesse seines Kindes handelt.«[75] – Immerhin haben wir hiermit eine rechtliche Formulierung, in der das Sinnvolle, der Logos, der über sein Ego hinausgehende Wert einen zentralen Platz in der Argumentation einnimmt. Man hat damit auch in juristischen Kreisen der faktischen Realität Rechnung getragen; denn *de facto* gibt es überaus viele Fälle, in denen nach erfolgter Trennung oder Scheidung der eine Teil den anderen Elternteil mit *allen* Mitteln ausschließt, um das Kind für sich zu behalten. Der eine Elternteil haßt den anderen Elternteil und handelt so, als würde er nicht wahrnehmen, daß der andere das gemeinsame Kind genauso liebt, wie er selbst. *Verdunkelte Erkenntnis geht hier irre Wege*!

Dabei würde schon eine kleine Anstrengung, ein recht unbedeutender Willensimpuls oder die sanfte Mobilisierung des Willens zum Sinn helfen, um die egozentrierte Liebe bei sich selbst zu überwinden, – *um der Freude des Kindes willen*! Ich spreche hier von Elternpaaren, die eigene, paarinterne Konflikte sinnwidrig ausnützen, hochstilisieren und dramatisieren, meinend, so könnten sie sich an dem (ehemaligen) Partner rächen. In Wirklichkeit aber fügen sie nur dem eigenen Kind Schaden zu, die *fast* nicht mehr oder gänzlich *irreparabel* sind. So verbaut ein (Ehe-)Paar sein eigenes Glück, und das nenne ich jene Sünde, die gegen die geistige Liebe gerichtet ist. Umgekehrt: Mit wenig Anstrengung könnte, trotz Trennung,

---

[75] Bundesministerium der Justiz, Das neue Kindschaftsrecht, Bonn 1998, S. 20.

das Glück der Eltern mit dem eigenen Kind gebaut werden, wenn keiner den anderen ausschließen würde.

Es wäre meines Erachtens humaner, sich in einer ruhigen Stunde die allererste Erinnerung präsent und bewußt zu machen, nämlich: daß der erste Impuls, der Mann und Frau zueinander geführt hat, in den weitaus *allermeisten* Fällen kein Betrug und keine Illusion war, sondern die Frucht wahrer Erkenntnis, die aber zum *Bauen am Glück des »Wir«* herausfordert und die im Alltag, leider, oft untergeht. Dabei hätte eigentlich jeder Mensch die Pflicht – ja: *die Pflicht* – an seinem Glück in der partnerschaftlichen Liebe zu bauen und glücklich zu sein, auch dann, wenn die Partnerschaft zerbricht.

Ist es aber eine sinnvolle Rede, zu sagen, es sei eine *Pflicht*, glücklich zu sein und nach Glück zu streben?

Ja, es ist eine sinnvolle Rede. Vorausgesetzt ist freilich, daß »Glück« als das Resultat eines *Schaffenden* aufgefaßt wird, eines Menschen also, der nicht aufhört, sich Aufgaben hinzugeben, der nicht müde wird, daran zu basteln und all das kunstvoll zu formen und zu gestalten, was sein Alltag als Lebensmaterial (im umfassenden Sinne des Wortes) ihm zur Verfügung stellt. Das Lebensmaterial des Alltags ist das einzige kostenlose »Material«, das uns heute und morgen, bis zum Tod geliefert wird. Da ist für die eine Frau, Regina, »das Material« die Auseinandersetzung mit ihrem Mann, der sich scheiden lassen will. Für einen anderen Mann, Helmut, besteht dieses »Material« seit Monaten und Jahren im Kampf um das Besuchs- und Sorgerecht, da er ganz normal mehr und öfters mit seinem Sohn zusammensein will und seine Partnerin ihn daran hindert. In einem dritten Fall, beim Ehepaar Josef und Gisela, bedeutet dieses hier gemeinte »Material«, die Trauer über den Tod ihrer 12jährigen

Tochter zu gestalten. In einer religiösen Ordensgemeinschaft könnte, viertens, dieses zu formende »Material« bedeuten, daß die neu gewählte Oberin die anstehenden Reformen durchführt. Und in all diesen und weiteren tausendfältigen Situationen wird den einzelnen Menschen, den Gruppen, den Völkern das Lebensmaterial zur Formung und Gestaltung zugeführt. Ein jeder könnte dem Geist begegnen und könnte glücklich sein, wenn er nur sein Lebensmaterial *sinnvoll* formen würde.

Das Bild des Glückes, von dem hier die Rede ist, sehe ich vollkommen realisiert in dem *spielenden Kind*: in jenem Kind, das aus Sand eine Burg erbaut, und wenn es fertig ist, fröhlich in die Hände klatscht, weil sein Werk vollendet ist. In diesem Bild erblicke ich den Inbegriff und die Quintessenz des irdischen Glücks, das immer »ein Glück des *Schaffenden*«[76] war, ist und bleiben wird. Der Schaffende: wer ist das? Jeder Mann und jede Frau, also jede Person:
– die es versteht und sich darum bemüht, das Königtum der Liebe in sich selbst und in seinem unmittelbaren Wirkungskreis schöpferisch aufzubauen;
– die sich anstrengt, um im Alltag die ihr aufgetragene Arbeit aus dem Geist zu gestalten, »sei es (dadurch), daß *materielle* Werte ihrem Schöpferwillen in *Materie* Gestaltung geben«[77], sei es dadurch, daß geistige Werte aus ihrem Schöpferwillen irdisch-materielle Gestalt annehmen.

In einem späten Mozart-Brief (geschrieben im September 1791 an Lorenzo da Ponte) heißt es: »Ich arbeite weiter, weil mich das Komponieren weniger anstrengt als das

---

[76] Bô Yin Râ, Das Buch vom Glück, Bern: Kober Verlag 1988, S. 3.
[77] Ebenda.

Ausruhen.«[78] – Ich erkenne hier eine für jeden kreativen Menschen gültige Verhaltenswahrheit: die »Flucht« ins Schöpferische bzw. die Freude des Schaffenden an seinem Werke. Das ist allein wahres Glück: *die Freude des schöpferischen Geistes an seinem Werk.* Gewiß, nicht jeder ist Künstler in diesem absoluten Sinn (Komponist, Schriftsteller, Dichter, Bildhauer, Maler usw.), aber jeder Mensch, der sein Glück schaffen *will*, muß ständig mit den Gefühls-Kräften so umgehen, daß sie schlußendlich, wie Farben in das Bild, in jenes Kunstwerk einfließen, das er selbst immer mehr werden kann und soll.

Der in seiner Liebe wahrhaft Glückliche *erbaut* im *Reich der Gefühle* einen *Tempel.* Mühsam und anstrengend ist dieser Tempelbau, denn oft fühlt man sich beherrscht von negativen Gefühlen, die gegen den eigenen Willen wuchern, quälen und plagen. Ich will *den Frieden* mit meiner Frau, mit meinem Mann und ich habe zugleich Gefühle des Zorns, der Wut, der Depression, der Rache, der Aggression – obwohl ich diese Gefühle im Grunde meines Herzens nicht will. Ich will *den Konsens*, doch der andere weigert sich, an dem Konsens mitzuarbeiten. Ich will eine längst fällige *Reform* in meinem Wirkungskreis durchführen, doch die Gegenkräfte ziehen mir einen Strich durch die Rechnung.

Entweder resigniere ich und verharre in den negativen Gefühlen – Wut, Enttäuschung, Ohnmacht, Rache und Haß usw. – oder ich lasse mich herausfordern zur harmonischen Bündelung all jener Gefühls-Kräfte, die da in mir entstehen und mir als Farbe dienen können, wenn ich in mir den *Schaffenden* wecken lasse.

---

[78] Vgl. Wolfgang Hildesheimer, Mozart, Frankfurt am Main: Fischer 1980, S. 203.

»Ich will meinen Mann lieben«, schrieb mir einmal eine Frau, »aber er ist nur höflich zu mir. Er streitet nicht und ansonsten verstehen wir uns auch wunderbar. Sonst läuft alles wie immer – im Klartext: es läuft, sexuell gesehen, gar nichts. Ich bin sechsunddreißig Jahre alt, und lebe an der Seite meines Mannes wie eine Nonne. Er tut nichts, um die Frau in mir zu erwecken. Dennoch versuche ich die Beziehung positiv zu sehen.«

Sie will die erotische Liebe, aber sie entgleitet ihr und auch ihre Gefühle scheinen sehr ambivalent zu sein. Es ist immer das gleiche Muster. Mann und Frau wollen natürlich ein Schaffender sein, doch die negativen Gefühle ziehen ständig einen Strich durch die Rechnung. Allerdings ist *wollen* etwas anderes als *wünschen*. Es bietet sich, wenn man wirklich will, nur ein Ausweg an: Aus dem Chaos der Gefühle jene Harmonie der Seele zu schaffen, in der die Seele »*sich selbst vollendet, wenn sie sich der anderen Seele schenkt.*« Von der Seele ist hier die Rede und nicht vom Körper, denn, in nicht wenigen Fällen, kann sich der Mensch mit dem Körper gar nicht schenken, obwohl er mit dem anderen, zumindest äußerlich gesehen, körperlich verbunden zu sein scheint (Ehe, Partnerschaft). Selbst wenn in mir das Glück der körperlichen Empfindung und der seelischen Liebe zusammenfallen und mich also nicht bloß ein geiles Streben beherrscht, selbst dann erfahre ich immer wieder die Zurückweisung, die ich aber nur als ein Schaffender integrieren kann. Und wiederum bin ich herausgefordert, im Reich der Gefühle meine eigenen Gefühlskräfte harmonisch zu bündeln, zu ordnen, um nicht im Chaos der Gefühle, im Schmerz der Enttäuschung, in der Depression und der Wut unterzugehen. Das Glück naht nicht von außen her, sondern es ist in mir selbst zu finden; es ist ein hier und heute, Tag für Tag zu Bauendes und es gilt, hier auf dieser Erde, sein eigenes Glück zu finden: – in seiner Arbeit, in der Ehe, in der Familie oder eben im Leben eines Singels. Der geistige Lehrer *Bô Yin Râ* schreibt:

»Glaube nicht jenen trostlosen Lehren, die Dir ein ›Glück der Ewigkeit‹ in Aussicht stellen, wenn Du auf *dieser Erde Glück verzichtest!*

Auch *hier* und *jetzt*, zu dieser Stunde, (...) bist Du *mitten in der Ewigkeit*, und was Du *jetzt* Dir nicht zu schaffen vermagst, wird Dir kein Gott in aller Ewigkeit verschaffen können ...«[79]

Ja, ich glaube, es hat einen Sinn zu sagen, daß es eine *Pflicht* ist, glücklich zu sein, und nach irdischem Glück zu streben. Es fühlt sich wirklich gut an, wenn man folgendes beherzigt:

Liebe das Leben, und lebe die Liebe. Oder deutlicher gesagt: Liebe das Leben mit Anfang und Ende. *Liebe das Leben, und lebe die Liebe, denn so bist du jetzt schon in deinem Alltag in der Mitte der Ewigkeit.* Und das heißt:

Liebe die Erde und alles, was auf ihr lebt und liebe dich selbst. Dir zuliebe nimm alle Beschwernis freudig auf dich, die dir zu tragen gegeben wird auf dem langen und beschwerlichen Wege, der aus Irrung und Verwirrung zuletzt zu dir selber führt, so, wie du ewig bist in Gott.[80]

Und was heißt das weiterhin? Was heißt das: – »liebe die Erde und dich selbst?« Das heißt: Finde dein Glück schon hier auf Erden:

---

[79] Bô Yin Râ, Das Buch vom Glück, Bern: Kober Verlag 1988, S. 7.
[80] Vgl. Bô Yin Râ, Das Buch von Jenseits, Bern: Kober Verlag 1990, S. 54, 7. Auflage

– sei es dadurch, daß du in dir selbst das königliche Reich der Liebe schaffst, (logotherapeutisch gesagt: verwirkliche *Erlebniswerte!*);

– sei es dadurch, daß du dein Werk, dein Alltag, dein Lebensmaterial, also alles, was dir das Leben an Leid und Freude liefert vom Geist her und auf Geistiges hin gestaltest, (logotherapeutisch gesagt: realisiere *Einstellungswerte!*);

– sei es dadurch, daß materielle Werte deinem Schöpferwillen entspringen und in Materie Form annehmen (logotherapeutisch gesagt: realisiere *schöpferische Werte!*).

So, genau so entdeckst du die Freude des Schaffenden, und somit das Glück in diesem Leben, denn alles Glück der Erde ist die Freude des schöpferisch Tätigen an seinem Werk.

Doch der Weg dorthin ist wirklich *mühsam*. Der Weg des Menschen zum Geist ist ein *mühseliger* Weg. Darum trachten nicht allzu viele Menschen danach, denn für sie ist es besser, im Zustand des (Halb-)Schlafens ein Scheinglück zu genießen, als im wachen Zustand des hell-lichten Tages sich anzustrengen.

2. Variation:
Über die Sünde der Trägheit und eine Lobrede auf die wahre Gelassenheit

Ich spreche jetzt von einem bestimmten (Charakter-)Typus, der zwar glücklich sein *möchte*, aber ohne die Bereitschaft zu haben, den notwendigen *Aufwand* dafür zu leisten, der natürlich nicht eine Möchte-gern-Haltung, sondern eine Ich-*will*-Haltung ist und bleibt. Man nennt diesen Typus nach der Charakterlehre des Enneagramms die *Neun* (auch der Friedensstiftende oder der Ursprüngliche oder der Vermittler).[81]

Bei diesem Typus habe ich oft eine gewisse täuschende Form der »Gelassenheit« beobachtet. In Wahrheit handelt es sich nicht um echte, tiefe, im Geistigen wurzelnde Gelassenheit, sondern nur um *Trägheit* und *Bequemlichkeit*. Wieso, fragte ich mich immer wieder, wieso können mich Repräsentanten dieses Typus von Mensch unter Umständen zur Weißglut bringen? Wieso und warum? Weil sie:
– öfters Probleme damit haben, Initiativen zu ergreifen, oder
– Projekte und Perspektiven zu entwickeln, oder
– Aufgaben in Angriff zu nehmen und durchzuziehen, oder
– den begonnenen Weg weiterzugehen, oder weil sie

---

[81] Vgl. dazu Helen Palmer, Das Enneagramm. Sich selbst und andere verstehen lernen, München: Knaur 1991, und: Uwe Böschemeyer, Vom Typ zum Original. Die neun Gesichter der Seele und das eigene Gesicht, Lahr: SKV-Edition 1994.

- wirklich große Sachen ganz klein machen bzw. sie gar nicht richtig bemerken.

Und all diese beziehungsstörende Probleme begründen diese »Typen« manchmal mit der sogenannten »Gelassenheit«. Sie sagen:
- Du brauchst all diese Dinge um die du dich kümmerst. Ich bin in meiner Mitte und brauche mich nicht anzustrengen, um glücklich zu sein.
- Ach weißt du, die Sache ist doch den Aufwand nicht wert!
- Ich kann es loslassen!
- Weißt du, das ist alles so anstrengend und komplex! Ich bin mehr für einfache Lösungen!
- Diese Beziehung ist mir zu kompliziert! Ich gehe zwar mit, aber auf meiner Insel fühle ich mich wohler!
- Ach weißt du, warum soll ich gehen, wenn ich stehen kann? Warum soll ich stehen, wenn ich sitzen kann? Und warum soll ich sitzen, wenn ich liegen kann?
- Ach weißt du, warum soll ich *wach* sein, wenn ich pennen und schlafen kann? Der Herr gibt's ja den seinen im Schlaf!

Und wenn man dagegen argumentiert und die Gründe nennt, daß dies und jenes doch lieber heute getan werden sollte, dann heißt es: »Warum mußt du dich so furchtbar anstrengen? Es ändert sich doch nichts in dieser Welt!«

Diese Logik ist zunächst verführerisch. Dieser Charaktertypus versteht es, eine gewisse »Gelassenheit« auszustrahlen. Seine Logik läuft nach dem Motto: »Nimm's leicht! Kühl dich ab! Ruh dich aus! Es macht doch letztlich keinen Unterschied, ob man sich aufreibt oder nicht – und dann ist es bequemer, also besser, sich nicht aufzureiben.« Das ist meines Erachtens nicht Gelassenheit, sondern *Trägheit*, die als *emotionaler* Zwang *Faulheit* genannt wird.[82] Die Trägheit ist in der Wohlstandsgesellschaft »in«. Im Zeittrend mitschwimmend, lautet das Motto nicht weniger Menschen: »Wenn wir schon auf dieser Erde leben müssen, dann wollen wir wenigstens angenehm, mit wenig Anstrengung und ohne Leid leben.« In meinen Augen bedeutet dies im Grunde nur die Nichtakzeptanz der Tatsache, daß dieses Leben sehr wohl auch *unangenehme*, *leidvolle* Seiten und Phasen hat. Derjenige, der nach dem obigen Motto redet, hat noch nicht realisiert, daß des Menschen irdischer Weg nicht nach den Vorstellungen eines »Sonnyboys«, sondern nach den Gesetzen der physischen und psychischen Gravitation verläuft. Der seine Trägheit als Gelassenheit darstellende Mensch hat noch nicht gehört, daß selbst die heitere Musik Mozarts eine Ernstheiterkeit ist, und daß Mozart in seiner Musik *gleichzeitig* mit einem Auge *lacht* und mit dem anderen *weint*.

Nach *Thomas von Aquin* ist die Trägheit – Lateinisch: *acedia* – »jene träge Traurigkeit des Herzens, die sich das Große, zu dem Gott den Menschen berufen hat, nicht zumuten will. (...) Die *acedia* wirke sich aus, so sagt Thomas, zu allererst in der ›schweifenden Unruhe des Geistes‹ (De malo 11, 4). Die ›*schweifende Unruhe des Geistes*‹ hinwiederum tue sich kund im Wortreichtum des Geredes, [oder in der Wortkargheit, oder] in der unbändigen Begierde, ›*sich aus der Burg des Geistes heraus in das Vielerlei zu ergießen*‹, in einer innerlichen Rastlosig-

---

[82] Vgl. Richard Rohr/Andreas Ebert, Das Enneagramm. Die neun Gesichter der Seele, München: Claudius Verlag 1991, S. 183f.

keit, in der Unstetheit des Ortes wie des Entschlusses ...«[83]

Unstetheit des Ortes wie des Entschlusses ... Dazu möchte ich drei kurze Ergänzungen bringen: zwei Geschichten und einen geistlichen Text. Zunächst die Geschichten.

(1) Eine Frau fand ihre Ehe nach 15 Jahren *langweilig*. Sie zog mit ihrer Tochter aus der ehelichen Wohnung aus, und nach einigen Monaten zog sie mit einem anderen Mann zusammen, um, wie sie sagte, »in meiner zweiten Lebenshälfte mit ihm glücklich zu sein.« Zunächst fand sie den zweiten Mann interessant. Einige Monate später fand sie aber das Leben mit ihm *anstrengend*. Dann verließ sie auch ihren zweiten Mann und zog in eine andere Stadt. Dort fand sie Arbeit, die ihr anfänglich Spaß machte, und eine Wohnung. Doch da war sie von Schuldgefühlen und von *Schuldbewußtsein* geplagt. Nach einigen Monaten saß sie spät abends, als ihre Tochter schon schlief, meditierend vor einer brennenden Kerze, sich fragend: Warum habe ich das getan? Früher bildete sie sich ein, eine ruhige, relativ zufriedene und gelassene Person zu sein. Und jetzt?

Innerhalb von drei Jahren wechselte sie dreimal die Wohnungen und zweimal die Männer. Innerhalb von drei Jahren war sie in drei verschiedenen Arbeitsbereichen tätig, ohne ihre *berufliche Identität* zu kennen. Nach außen, dem Schein und ihren verbalen Mitteilungen nach,

---

[83] Vgl. Josef Pieper, Schriften zur philosophischen Anthropologie und Ethik: Das Menschenbild der Tugendlehre, in: Werke in acht Bänden, hrsg. v. Berthold Wald, Hamburg: Felix Meiner Verlag 1996, Band 4, S. 192.

»wollte« sie nur glücklich sein. *Wollte* sie das? Ihren ersten Mann hat sie verlassen, weil er so *langweilig* war, weil er »immer nur Tennis spielte und sich wenig um die Familie kümmerte.« Ihren zweiten Partner hat sie auch verlassen, weil er zu fordernd, zu *anstrengend* war. Die Frau hat diese schwerwiegenden Lebens-Schritte getan, weil sie glücklich sein »wollte«. Ja, aber ohne, den dazu notwendigen Preis zahlen zu *wollen*. Sie wähnte sich in ihrer Mitte zu sein, und in Wirklichkeit pendelte sie nur von einem Extrem ins andere. In Wirklichkeit lebte sie aus einer Möchte-gern-Haltung. In Wirklichkeit flüchtete sie nur davor, die ein Mal angenommene *Verantwortung* konsequent zu leben. ...

Unstetheit des Ortes wie des Entschlusses. ... Ist dieser Typus von Mensch wach und beständig in seinen Entscheidungen? Oder ist das nur Flexibilität? Oder handelt es sich hier um eine besondere Form der Emanzipation? ... Die Leser mögen selbst ihre Antwort darauf finden. *Meine* Antwort lautet: Es handelt sich um Menschen, die sich zwar als »wach« bezeichnen bzw. bewußt leben möchten, und dennoch immer wieder Situationen schaffen, in denen sie nur ein *Intermezzo* spielen, eine vorübergehende Szene im Leben anderer, ohne ihr eigenes »Gewicht« wahrzunehmen. Wie diese Frau des Beispiels in einer nüchternen Minute der Wachwerdung sagte: »Ich bin *ein Teil* von allen, denen ich begegnet bin. *Ein Teil* von meinem ersten Mann und meiner mit ihm gegründeten Familie, aus der ich das Kind niemals hätte herausreissen dürfen. Und ich bin *ein Teil* von meinem zweiten Mann, von dem ich mich auch getrennt habe. Überall um mich herum zerbrochene Teile und Beziehungen. Manchmal glaube ich, meines Lebens nicht mehr froh zu werden, denn, wenn ich überall nur *ein Teil* bin, wo bin *ich*?

Wo ist mein *eigentliches Ich*? Wo bin ich ein Ganzes?« – Das ist eine gute Frage.

Und nun zur zweiten Geschichte, die ich bei *Anthony de Mello* gefunden habe.

(2) »Ein Bauernjunge war so schweigsam, daß seine Freundin nach fünf Jahren überzeugt war, er würde ihr nie einen Antrag machen, wenn sie nicht die Initiative ergreife.

Einmal saßen sie allein im Garten, und sie faßte sich ein Herz: ›John, laß uns heiraten. Sollen wir heiraten, John?‹

Lange Pause. Schließlich sagte John: ›Ja.‹

Wieder Pause. Schließlich sagte das Mädchen: ›Sag etwas, John. Warum sagst du nichts?‹

›Ich fürchte, ich habe schon zuviel gesagt‹.«[84] (....................................!!!...)

Und ich fürchte, daß hier jeder Kommentar überflüssig wäre, darum komme ich nun zur dritten Ergänzung.

(3) Die Trägheit, die *acedia* oder der sogenannte Mittagsdämon wurde von den Mönchen früherer Zeiten folgendermaßen charakterisiert:

»Der Dämon der acedia, der auch Mittagsdämon genannt wird, ist der beschwerlichste von allen. Er greift den Mönch zur 4. Stunde an und belagert die Seele bis zur 8. Stunde. Zuerst bewirkt er, daß die Sonne sich nur schwer oder gar nicht zu bewegen, und daß der Tag 50 Stunden zu haben scheint. Dann treibt er einen an, stän-

---

[84] Anthony de Mello, Der Dieb im Wahrheitsladen. Die schönsten Weisheitsgeschichten, Freiburg: Herder Verlag 1998, S. 245. Die Geschichte heißt: »**Liebe fast ohne Worte**«.

dig zum Fenster hinauszuschauen und aus der Zelle zu springen, um die Sonne zu beobachten, ob sie noch weit von der 9. Stunde ist, und herumzuschauen, ob nicht ein Bruder käme. Weiter impft er einem die Aversion gegen den Ort ein, an dem man lebt und gegen die Lebensweise selbst, gegen die Handarbeit, ferner die Idee, daß die Liebe bei den Brüdern verschwunden sei und daß es niemand gibt, der einen tröstet ... (Der Dämon) malt ... aus, wie lang das Leben dauert, und hält ihm (dem Mönche) die Beschwerden der Askese vor ...«[85]

Unstetheit des Ortes und des Entschlusses, Aversion gegen den Ort, gegen die Lebensweise, die man gewählt hat, oder gegen den Menschen, mit dem man ein Kind hat, ... usw., usf. Kann das alles Streben nach wahrem Glück sein? Können die Frau aus der ersten Geschichte und John aus der zweiten Geschichte als »gelassen« bezeichnet werden? Kann die *acedia*, – die Trägheit zum Guten, – mit Gelassenheit verwechselt werden?

Man kann nicht alles nur mit Gelassenheit nehmen. Ein Mensch kann und darf nicht dort gelassen sein und alles loslassen, wo er vom *Sinn* der Situation her zum Eingreifen, zur aktiven Gestaltung und zum *Kampf* oder zumindest zum Widerstandleisten oder eben zur entschlossenen Handlung aufgerufen ist. Das ist das eine. Man kann aber auch Vieles mit echter Gelassenheit hinnehmen und es *sein lassen*, wie es ist. Wir können vor allem die eigenen Illusionen loslassen. Das ist das andere. Die wahre und echte *Gelassenheit*, von der alle großen Weltreligionen sprechen, ist sicherlich erstrebenswert, wenn man

---

[85] Zitiert nach: R. Rohr/A. Ebert, Das Enneagramm, München 1991, S. 183.

sie auf die richtige Art und Weise einübt, erstrebt und verwirklicht – und genau hier kann die *Neun* vorbildhaft sein und in ihrer *erlösten* Haltung ist sie das auch. Denn ihre *Geistesfrucht* heißt: *entschiedene und gelassene Tat*. (Wohlgemerkt: Nicht chaotische, panikartige und angstbeladene, sondern: *sinn- und wertorientierte*, entschlossene, kraftvolle und die Liebe lebende Tat; denn die Einladung oder Berufung der *Neun*, oder die »heilige Idee«, oder »die Idee ihres höheren geistigen Zentrums« heißt eben: *Liebe*). Hier beginnt meines Erachtens der Weg der echten und wahren Gelassenheit. Hier erreicht man den Punkt, an dem es wirklich sinnvoll klingt und ehrlich ist, wenn jemand den Satz ausspricht: »Ich bin in meiner Mitte, denn die Mitte fühlt sich wohl an.«

Bei der Einübung der echten Gelassenheit lernen wir auch, über *uns selber zu lachen*. Wir lernen zuzulassen, *daß andere über uns lachen*. Wir lernen den Humor als eine gleichsam »*natürliche Demut*« (Theodor Haecker) kennen, und wir entdecken uns als einen Toren *und* Weisen zugleich.

Aus der Zen-Spiritualität stammt folgende Weisheitsgeschichte, die möglicherweise einen Zugang zur wahren und echten Gelassenheit öffnen kann. Jeder sollte freilich in sich selbst diesen Zugang zur Gelassenheit *erspüren*, denn die Kraft der Geschichte entfaltet sich nur im Inneren.

»In einem Fischerdorf bekam ein Mädchen ein uneheliches Kind, und nach vielen Schlägen gab sie endlich den Namen des Kindesvaters preis: der Zen-Meister, der den ganzen Tag im Tempel außerhalb des Dorfes meditierte. Die Eltern des Mädchens, begleitet von vielen Dorfbewohnern, begaben sich zu dem Tempel, unterbrachen rücksichtslos des Meisters Meditation, beschimpften ihn wegen seiner Heuchelei und erklärten, da er der Vater des Kindes war, sollte er nun auch die Last der Erziehung tragen. Der Meister antwortete nur: ›*Sehr gut, sehr gut.*‹

Als die Menge abgezogen war, hob er das Baby vom Boden auf und vereinbarte mit einer Frau aus dem Dorf, das Kind auf seine Kosten zu nähren und zu kleiden.

Der Ruf des Meisters war ruiniert. Niemand kam mehr zu ihm, um sich unterweisen zu lassen. Als schließlich ein ganzes Jahr vergangen war, konnte es das Mädchen, die das Kind geboren hatte, nicht mehr länger aushalten und bekannte, daß sie gelogen hatte. Der Vater des Kindes war der Nachbarjunge.

Die Eltern und Dorfbewohner waren sehr zerknirscht. Sie warfen sich dem Meister zu Füßen, um seine Vergebung zu erhalten, und baten, ihnen das Kind zurückzugeben. Und er sagte nichts weiter als: ›*Sehr gut, sehr gut*‹.

Der erweckte Mensch!

Seinen Ruf verlieren? Kein großer Unterschied zu dem Verlust jenes Vertrages, den man gerade im Traum unterzeichnen wollte.«[86]

Jetzt komme ich aber zu unserem Alltagsleben zurück und frage:

- Angefangene Projekte nicht zu Ende zu führen: kann das Gelassenheit sein? (Es kann eher Trägheit, Faulheit, Flucht vor Anstrengung, Bequemlichkeit usw. sein, aber Gelassenheit???).
- Das Ja-Wort in einer Beziehung zurückzunehmen, weil Mann/Frau es mühselig finden, an ihr zu arbei-

---

[86] Anthony de Mello, Warum der Vogel singt. Geschichten für das richtige Leben, Freiburg: Herder Verlag 1988, S. 73f.

ten: kann das Gelassenheit sein? Es kommt darauf an ...
- Das Nichtweinen, sondern das herzhafte bzw. verkrampfte Lachen über einen großen Verlust – kann das Gelassenheit sein?
- Das Abwarten eines erlösenden Wunders, wenn z.B. eine Reform in der Gesellschaft, in der Kirche, in der Firma, in der Familie usw. durchgeführt werden muß, – kann das Gelassenheit sein?
- Das Abwarten, daß jedesmal der andere die Initiative ergreift, damit mein Leben, meine Pläne, meine Entwicklung vorwärts kommen – kann das Gelassenheit sein?

»Ich habe immer gedacht«, sagte mir einmal jemand, »es sei klug abzuwarten, daß die anderen sich in Bewegung setzen, und dann sehe ich schon weiter«.

»Ach ja? Und das in jeder Situation und permanent?« – fragte ich. »Warum nicht?« – lautete die Antwort.

Mir fiel dazu nur ein griechisches Sprichwort ein, das ich allerdings damals in dem Gespräch nicht laut gesagt, sondern nur gedacht habe. Es heißt in dem Sprichwort: *Wen die Götter bestrafen wollen, den schlagen sie mit (geistiger) Blindheit.*

In einem Brief, den ein *Neun*er Typus geschrieben hat, steht zu lesen:

»Seit ich mich als NEUN erkannt habe, ist Un-Ruhe in mein Leben gekommen, aber auch Mut und Bereitschaft zur Selbsterkenntnis und Selbstannahme. Durch die Bücher von Richard Rohr erkenne ich immer mehr die Notwendigkeit einer vertieften Selbsterkenntnis als Grundlage einer lebendigen Religiösität. Ich muß gestehen: genau das fällt mir schwer – noch nie war ich mir meiner blinden Flecken so schmerzhaft bewußt! Ich hielt mich wirklich für einen friedvollen Menschen, aber das Gefühl war trügerisch – da Frieden schaffen (mit so viel verborgenem Zorn und Zynismus im Bauch) durch Unaufrichtigkeit (fehlende Demut) immer wieder vereitelt wird. Wie mit diesem *Zorn* und *Zynismus* umgehen? Wie oft bin ich nur in lähmender Passivität verstrickt, wo ich diese Ruhe mir sogar als Tugend anrechne? Wie viele Projekte sind gescheitert durch Antriebsschwäche? Bei außergewöhnlichen Situationen fliehe ich in Planungen, endlose Reflexion, Unentschlossenheit oder Betäubung. Vor meiner Begegnung mit dem Enneagramm fand ich das ganz in Ordnung. Jetzt reibt alles. *Lebenslügen* kommen ans Licht: unerreichte Ziele (was bestens entschuldigt war) – es war ein Scheitern aus *Bequemlichkeit*. Wie schmerzhaft, mir das einzugestehen!

Wenn ich einen freien Tag habe, passiert es mir, daß ich mich mit Filmen, Musik, Wein oder Lektüre betäube. Und alles ist unbefriedigend. *Acedia*: stundenlanges Verharren im Gefühl: *Es ist doch alles nichts*. An diesen Tagen reiben mich auch die Kinder nervlich auf. Dann bin ich sogar froh, wenn mich der Alltag mit seiner Routine von der Lähmung befreit.

Natürlich gibt es auch Gutes. Ich werde von vielen Ratsuchenden aufgesucht, die gern bei mir ›zur Ruhe kommen‹. Viele Menschen schätzen das Gespräch mit mir. Es gelingt mir, wenn ich ganz besonders wach bin, tatsächlich Brücken (über tiefe Gräben) zu bauen, auch im Dienst. Nun hoffe ich sehr, mit Hilfe des Enneagramms zu neuen Formen tatkräftiger Liebe zu finden.«[87]

---

[87] A. Ebert/R. Rohr u.a., Erfahrungen mit dem Enneagramm. Sich selbst und Gott begegnen, München: Claudius Verlag 1992, S. 326f.

Man sollte sich klar machen, daß der Typus *Neun* im sog. Bauchbereich angesiedelt ist (es gibt noch den Herz- und den Kopfbereich). Darum scheint es mir angemessen, die eine Urgewalt der Bauchenergie, nämlich die *Zürnkraft* näher zu betrachten. Im durchschnittlichen Sprachgebrauch werden die Begriffe »Zorn« und »Aggression« als »böse« und »zerstörerisch« verstanden. All diese Begriffe aber haben keineswegs nur negative Bedeutungen, da sie vielmehr Kräfte benennen, so lehrt *Thomas von Aquin*, »aus denen die menschliche Natur sich wesenhaft aufbaut und lebt. (...) Wann immer vom Zorn die Rede ist, [meint man] einzig das Unbeherrschte, das Widergeistige, das Negative (...). Ebenso aber wie ›Sinnlichkeit‹ und ›Begehren‹, so gehört auch die Kraft des Zürnens zu den Urkräften des menschlichen Wesens. In dieser Kraft, zu zürnen, spricht sich geradezu die Energie der Menschennatur am deutlichsten aus. Auf das schwer zu Erlangende, auf das dem mühelosen Zulangen sich Versagende richtet sich diese Kraft, überall da zum Einsatz bereit, wo ein *bonum arduum*, ein ›steiles Gut‹, auf Eroberung wartet. ›Dazu ist die Zürnkraft den Sinnenwesen gegeben, daß die Hindernisse weggeräumt werden, wodurch die Begehrungskraft gehemmt wird, sich auf ihren Gegenstand zu spannen, sei es wegen der Schwierigkeit, ein Gut zu erlangen, sei es wegen der Schwierigkeit, ein Übel zu überwinden‹ (STh, I, II, 23, 1 ad 1). Zorn ist die Kraft, das Widrige anzugreifen [*ad invadendum malum laesivum*]; die Kraft des Zürnens ist die eigentliche Widerstands-Kraft der Seele.«[88] –

---

[88] Josef Pieper, Werke in acht Bänden, hier Band 4: Schriften zur philosophischen Anthropologie und Ethik: Das Menschenbild der Tugendlehre, Hamburg 1996, S. 186f.

Erstaunliche Sätze des Thomas von Aquin, nicht wahr? Wer denkt und fühlt schon, daß Zorn, jene Kraft ist, die uns hilft, das (Sinn-)Widrige anzugreifen? Würde diese Kraft, so gesehen, nicht eigentlich zur Gelassenheit dazugehören? Ich meine: ja!

Natürlich gibt es das *sündhafte* Zürnen und seine drei Grundgestalten, nämlich:

(1) – *Jähzorn*, der den Blick des Geistes blendet.

(2) – *Verbitterung*, die sich mit ingrimmiger Freude versperrt, wenn das Wort der Wahrheit und der Liebe gesprochen wird.

(3) – *Nachtragende Rachsucht*, die dort noch als maßloses Zürnen Böses bewirkt, wo der Sachverhalt, die Situation längst nicht mehr so dramatisch sind.

»Vom Bösen schließlich ist selbstverständlich aller Zorn, der mit ungerechtem Wollen sich verbindet. Darüber braucht man nicht viele Worte zu machen« (Josef Pieper).[89]

Doch vom Zorn (im engeren, *positiven* Sinn), vom *Zorn* also als Widerstands-Kraft der Seele muß man mit *Thomas von Aquin* sagen, er sei der leidenschaftliche Wille, nach *gerechter Vergeltung* zu streben, wenn man *Unrecht* erlitten hat. Der Aquinate wörtlich:

»Weil die Natur des Menschen gefügt ist aus Seele und Leib und aus Geist und Sinnlichkeit, darum gehört es zum Gut des Menschen, daß er sich der Tugend *ganz* hingebe, nämlich sowohl mit Geist wie Sinnlichkeit wie Leib. Und darum ist es zur Tugend des Menschen erfordert, daß auch der Wille nach gerechter Vergeltung nicht allein im geistigen Bereich der Seele wohne, sondern auch in der Sinnlichkeit und auch im Leibe selbst« (De

---

[89] Ebenda, S. 187.

malo 12, 1). Und weiter heißt es: »Zorn sei ›gut‹, wenn er gemäß der Ordnung der Vernunft in Dienst genommen wird für die wahren Ziele des Menschen, wie überhaupt einer, der mit Leidenschaft das Gute tut, mehr zu loben ist als einer, der ›nicht ganz‹, nicht bis in die Kräfte des sinnlichen Bereiches hinein, für das Gute entflammt ist (De veritate, 26, 7 ad 1). Gregor der Große sagt: ›Mit größerer Wucht stellt sich die Vernunft dem Bösen entgegen, wenn Zorn ihr dienstbar zur Hand geht‹.«[90]

Der Zürnende erstrebt das Gut der Gerechtigkeit, während z.B. die bloße Genußsucht bei einem Menschen, der immer nur das Angenehme haben will (ohne Anstrengung), im Grunde nur dadurch überwunden werden kann, »daß eine harte Aufgabe mit der *Widerstandsfreudigkeit der vollen Zürnkraft* angegriffen werde« – lehrt Thomas von Aquin.[91]

Gegenüber der positiv gekennzeichneten Zürnkraft bedeutet *Sanftmut* keineswegs, »daß die ursprüngliche Kraft des Zürnens geschwächt oder gar ›abgetötet‹ werde, so wenig wie Keuschheit eine Schwächung der Geschlechtskraft besagt. Im Gegenteil: *Sanftmut als Tugend setzt die Kraft des Zürnens voraus*; Sanftmut heißt, diese Kraft zu ordnen, nicht, sie zu schwächen. Jene blaßgesichtige Harmlosigkeit, die sich, leider oft mit Erfolg, für Sanftmut ausgibt, soll doch niemand für eine christliche Tugend halten. Unsinnlichkeit ist nicht Keuschheit; und *die Unfähigkeit zu zürnen hat mit Sanftmut nicht das mindeste zu tun*. Solche Unfähigkeit ist, wie Thomas ausdrücklich sagt, ein Fehler.«[92]

---

[90] Ebenda, S. 186.
[91] Ebenda, S. 189.
[92] Ebenda, S. 188.

Erst nach diesen anthropologischen Zusammenhängen kann, so meine ich, eine *sinnvolle Rede* über die Tugend der Ge-lassen-heit ausformuliert werden.

Es ist eine **Lobrede auf die wahre Gelassenheit**:

Gelassenheit als innere Haltung entsteht nicht ohne Kampf, denn Gelassenheit ist Kind des Geistes und alles, was in den Geist gelangen will, kann nur durch Kampf zum Geist gelangen. Dieser Kampf verlangt Ausdauer. Ich werde all meine Kräfte aufzubieten haben, um jedes Hindernis, das mir im Wege liegt in *meinen Dienst* zu zwingen! –

Ich darf niemals vergessen: Alles, was mir entgegen steht solange ich kämpfe, *lauert* nur darauf, daß mich mein Wille zum Siege verläßt!

Solange mir der *Wille zum Siege*, der da ein *Glaube* an meinen Sieg ist, nicht unwiederbringlich verloren geht, mag ich zwar des öfteren *unterliegen*, und doch wird der Sieg mir nicht verloren sein.

All die Feinde, die ich mir zu Dienern machen soll, alle Kämpfe und aller Sieg sowie Ort des Kampfes ist nicht in der Außenwelt, sondern nur *in mir selbst* zu finden. Der wahre, entscheidende Kampf, um zur Gelassenheit zu gelangen, wird nur in mir selbst allein zu durchkämpfen sein, auch wenn ich *nach außen* kämpfen zu müssen glaube, und unter Umständen kämpfen muß.

Die Bedrohung von außen ist meistens nur *Täuschung*. Nur was ich im Inneren mir zu Diensten zwinge, wird wahrhaft *bezwungen* sein, und ohne Kampf werde ich diesen hohen Wert der Gelassenheit niemals erlangen; denn aller wirkliche *Wert* kann mir nur im *Kampf* zu eigen werden! –

Gelassenheit ist Tapferkeit.
Gelassenheit ist Tat und Ruhe zugleich!
Gelassenheit ist der *durchgehaltene Wille zum Sieg*!![93]

Und weil das so ist, ist der Weg zum Geist mühsam. Darum trachten nicht allzu viele Menschen danach, denn für sie scheint es besser zu sein, im Zustand des (Halb-) Schlafens ein Scheinglück zu genießen, als im wachen Zustand des hell-lichten Tages sich *wert- und sinnorientiert* anzustrengen. Außerdem: Diesen mühsamen Weg kann jeder nur allein gehen und die Verantwortung dafür, ob er geht oder nicht, kann niemand von sich abwälzen. Die persönliche Verantwortung des Menschen bei der Sinnfindung auf dem mühseligen Weg zum Geistigen ist *nicht* delegierbar.

---

[93] Frei formuliert nach Bô Yin Râ, Worte des Lebens, Bern: Kober Verlag 1981, S. 41–45.

3. Variation:
Geist ist nichts Erdachtes! Geist ist lebendiges Licht!

Wenn hier wiederholt und immer wieder vom *Geist* die Rede ist, dann meine ich *nicht* Vernunft und Verstand. Man hat mir früher verschiedentlich gesagt: »Du bist immer irgendwo oben im Geist und mit dem Geist beschäftigt, aber das, was vor dir liegt, siehst du nicht.« Gänzlich diese Kritik auszuschließen, vermag ich nicht, doch sehr wohl sehe ich *den Unterschied* zwischen dem, was Geist ist und nicht ist.

Mir ist klar, daß die Tätigkeit des menschlichen *Gehirns* – das Denken, das Erschließen und Begriffebilden usw. – im alltäglichen Sprachgebrauch als »geistige« Arbeit bezeichnet wird. Es ist aber meines Erachtens angemessener von *intellektueller* Arbeit zu reden. Man spricht freilich auch vom *Menschengeist*, der diese (Gehirn-)Tätigkeiten setzt. Diese Differenzierung ist wichtig, denn *nicht* die Gehirntätigkeit – also Denken, Begriffebilden, logische Schlußfolgerungen usw. – ist Geist, sondern das Geistige bedient sich dem zentralen Nervensystem als seinem Organon, als seinem Instrument. Die Gehirntätigkeit ist demnach Produkt des Geistes. Jener »Geist«, den man als Produkt des Gehirns ansieht, ist eben nur »Gehirn-Geist«, aber nicht der aus sich selbst leuchtende, wesenhafte Geist. Der Geist ist, bildhaft gesprochen, der schaffende Künstler, der die Musik mit Hilfe des Gehirns komponiert.

Geist, wie dieses Wort hier gemeint ist, kann nicht gezeugt werden und darum auch nicht mit dem Körper sterben (Frankl). Geist, im vollen Sinn dieses Wortes, ist ewige Wirklichkeit, er ist »die *wesensgemäßeste* Darstellungsform für das *Ur-Sein* aus dem alles Dasein ausgeht,

– von dem alles Dasein ›Leben‹ empfängt, solange es bestehen bleibt in seiner jeweiligen Eigenform. (...) Geist ist wie freie, unfaßbar hochgespannte Elektrizität, die jeden in ihr Kraftfeld gebrachten Körper *durchdringt*, und je nach seiner Eignung sich *in ihm manifestiert*.«[94]

Im *Christentum* ist dieses besondere »Wissen« von der ewigen Wirklichkeit des Geistes aufbewahrt, wenn vom *Geiste der Ewigkeit*, vom *Geiste Gottes*, vom »Heiligen« Geiste die Rede ist, oder, wenn es bei *Paulus* heißt, daß »der Geist alles erforscht [durchdringt], sogar die Tiefen der Gottheit« (1 Kor 2, 10). Der so gemeinte Geist ist *nicht* das Resultat der Gehirnzellenbewegung. Paulus spricht vom ewigen substantiellen (= wesenhaften) Geist, der das Gehirn aus sich selbst schafft und *keineswegs* vom Gehirn abhängig ist. Von diesem ewigen Geist Gottes hat auch *Jesus von Nazareth* Kunde gebracht, als er immer wieder in vielen Bildern gezeigt hat, daß aus diesem ewigen Geiste, der die unversiegbare Liebe ist, all-ewig unerschöpfliches, sich selbst verströmendes *Erbarmen* hervorgeht. So sagte er der Frau am Jakobsbrunnen: »Aber es kommt die Stunde, und sie ist jetzt da, wo die wahren Anbeter den Vater *im Geist* und in der Wahrheit anbeten werden. Denn ... Gott ist Geist, und die [ihn] anbeten, müssen im Geist und in der Wahrheit anbeten« (Joh 4, 23–24).

Und im Kapitel 6, Vers 63 des Johannesevangeliums heißt es: »Der Geist ist es, der Leben schafft, das Fleisch nützt nichts. Die Worte, die ich zu euch gesprochen habe, sind Geist und sind Leben.« – Dieser (göttliche) Geist ist in sich selber *Harmonie* und *Klarheit*, *Licht* und *Wahrheit*

---

[94] Bô Yin Râ, Der Weg meiner Schüler, Bern: Kober Verlag 1983, S. 42, 2. Auflage.

und *dieser* Geist inspiriert auch den Menschen, harmonische Formen hervorzubringen, d.h. solche Werke zu schaffen, – im konkreten Lebensalltag, in der Arbeit und in der Kunst, – die harmonische Formen haben.[95]

Ein Funke dieses ewigen, substantiellen, schöpferisch liebenden, klaren und hell-lichten Geistes ist in *jedem* Erdenmenschen da. Dieser Geistesfunke ermöglicht die sog. *Gotteserfahrung* oder, wie Meister *Eckhart* es ausgedrückt hatte, »die Geburt des lebendigen Gottes« im Innersten Inneren eines jeden einzelnen Menschen. Das, was das Wort *Erleuchtung* besagt, ist das bewußte Innewerden des lebendigen, klaren, harmonischen und leuchtenden Geistes im Menschen.[96]

Wir tragen ein *Erlebnisvermögen* für das Ur-Sein in uns und die Entfaltung dieses spezifischen Erlebnisvermögens wartet auf unser bewußtes Mitwirken. Genau an diesem Punkt kommt die *Form* ins Spiel, denn die Welt des urewigen Geistes, das Geistige ist nicht eine starre, statische Größe; das Geistige ist »ein stets Bewegtes: – ein Kosmos klarster, in steter Verwandlung begriffener, dennoch im Sein mit sich selbst identischer *Formen*.«[97]

Das »Ich« eines jeden Menschen ist aber eine individuelle *Form* des ewigen substantiellen Geistes: eine einmalige und einzigartige »Ausgabe« des Schöpfers, eine einmalige und unwiederholbare »Offenbarung« des ewigen Gottes-Geistes hier auf Erden, dazu berufen, zwischen Geburt und Tod seine eigene, ihm gemäße *indivi-*

---

[95] Vgl. Bô Yin Râ, Geist und Form, Bern: Kober Verlag 1981, S. 31, 3. Auflage.
[96] Vgl. Dr. med. Erich Rauch, Spiritualität und höhere Heilung. Esoterische Praxis im Alltag, Heidelberg: Karl Haug Verlag 1998, S. 37.
[97] Bô Yin Râ, Geist und Form, Bern 1981, S. 43.

duelle Formvollendung voranzutreiben durch Formung und Gestaltung bzw. durch *harmonische Bündelung* aller Kräfte – vor allem: der Seelenkräfte –, die einem gegeben sind. Die formende und gestalten könnende Kraft ist aber *der Geist* und er *bedient sich* dem Gehirn und dem Psychophysikum, um handeln und sich *in dieser* physisch-sinnlichen Welt ausdrücken zu können, womit ich nur ein logotherapeutisches Gedankengut erneut in den Mittelpunkt der Aufmerksamkeit gerückt habe.

Und weil die Erkenntnis und das Erspüren der eigenen Seelenkräfte, – mit deren Hilfe ein Mensch seine individuelle Formvollendung vorantreibt, indem er sie harmonisch bündelt, – ein hohes Maß an Selbstdisziplin erfordert, ist der Weg zum Geist *mühsam*. Darum trachten nicht allzu viele Menschen danach. Die Entscheidung, diesen mühseligen Weg zum Geistigen zu gehen oder nicht, ist unabwälzbar. Jeder ist selbst dafür verantwortlich, ob er schlafend oder mit hellwachen Sinnen seinen irdischen Lebensweg gehen will. Und darum ist es nicht gleichwertig, ob ich schlafe oder wach bin, wenn mich der *Logos* (an-)ruft.

Literaturverzeichnis

Theodor Wiesengrund *Adorno,* Negative Dialektik, Frankfurt am Main: Suhrkamp 1994
Bô Yin Râ, Das Buch vom Glück, Bern: Kober 1988
– Das Buch von Jenseits, Bern: Kober 1990, 7. Auflage
– Das Geheimnis, Bern: Kober 1982
– Der Sinn des Daseins, Bern: Kober 1981
– Der Weg meiner Schüler, Bern: Kober 1983, 2. Auflage
– Geist und Form, Bern: Kober 1981, 3. Auflage
– Mehr Licht, Bern: Kober 1989, 4. Auflage
– Worte des Lebens, Bern: Kober 1981
Uwe *Böschemeyer,* Dein Unbewußtes weiß mehr, als du denkst, Lahr: SKV-Edition 1996
– Herausforderung zum Leben, Hamburg: Kabel 1991
– Mut zum Neubeginn, Freiburg: Herder 1988
– Grundlagen, Leitgedanken und Arbeitsweisen der Logotherapie, in: Sinnvoll heilen. Viktor E. Frankls Logotherapie – Seelenheilkunde auf neuen Wegen. Einführung und Erfahrungsberichte mit Beiträgen von W. Böckmann, U. Böschemeyer, Paul H. Bresser, Viktor E. Frankl, G. Funke, W. Kretschmer, A. Längle, E. Lukas, Freiburg: Herder 1984
– Vom Typ zum Original. Die neun Gesichter der Seele und das eigene Gesicht, Lahr: SKV-Edition 1994
Bundesministerium der Justiz, Das neue Kindschaftsrecht, Bonn 1998
Der Spiegel Nr. 16, 15.4.1996 zum Titelthema: »Forscher erkunden das Bewußtsein«, S. 190–202
A. *Ebert*/R. *Rohr* u.a., Erfahrungen mit dem Enneagramm. Sich selbst und Gott begegnen, München: Claudius 1992

Viktor Emil *Frankl,* Ärztliche Seelsorge, Frankfurt/M: Fischer 1987
– Der leidende Mensch, München: Piper 1990
– Der unbewußte Gott, München: Kösel 1988
– Der Wille zum Sinn, München: Piper 1991
– Was nicht in meinen Büchern steht. Lebenserinnerungen, München: Quintessenz 1995
– Logotherapie und Existenzanalyse. Texte aus sechs Jahrzehnten, München: Quintessenz 1994
Heraklit, Fragmente. Griechisch und Deutsch, hrsg. v. Bruno Sell, Zürich: Artemis & Winkler 1995, 11. Auflage
Wolfgang *Hildesheimer,* Mozart, Frankfurt am Main: Fischer 1980
Christoph *Kreitmeir,* Sinnvolle Seelsorge, St. Ottilien: EOS 1995
Hans *Küng*/Karl-Josef *Kuschel* (Hg.), Wissenschaft und Weltethos, München: Piper 1998
Wolfram *Kurz,* Die Intentionalität des Menschen unter dem Aspekt des Willens zum Sinn – Gesellschaftsspezifische, phasenspezifische und gegengeschlechtsspezifische Sinnmöglichkeiten, in: Suche nach Sinn, Würzburg 1991, S. 100–115
Wolfram *Kurz*/Franz *Sedlak* (Hrsg.), Kompendium der Logotherapie und Existenzanalyse. Bewährte Grundlagen – Neue Perspektiven, Tübingen: Lebenskunst 1995
Alfried *Längle,* Das Seinserlebnis als Schlüssel zur Sinnerfahrung, in: Sinnvoll heilen. Viktor E. Frankls Logotherapie – Seelenheilkunde auf neuen Wegen. Einführung und Erfahrungsberichte mit Beiträgen von W. Böckmann, U. Böschemeyer, Paul H. Bresser, Viktor

E. Frankl, G. Funke, W. Kretschmer, A. Längle, E. Lukas, Freiburg: Herder 1984, S. 47–63
- Viktor Frankl. Ein Porträt, München–Zürich: Piper 1998

E. *Lukas,* Eine goldene Spur hinterlassen – Selbsterfahrung auf ganz andere Weise, in: Lehrbuch der Logotherapie, München: Profil 1998, S. 208–215
- Heilungsgeschichten, Freiburg: Herder 1998
- In der Trauer lebt die Liebe weiter, München: Kösel 1999
- Logotherapeutische Ausbildung und Selbsterfahrung, in: E. Lukas, Geborgensein – worin? Freiburg: Herder 1993, S. 204–220
- Psychologische Vorsorge, Freiburg: Herder 1989
- Psychotherapie in Würde, München: Quintessenz 1994
- Von der Trotzmacht des Geistes, Freiburg: Herder 1986
- Weisheit als Medizin, Stuttgart: Quell 1997
- Wie Leben gelingen kann, Stuttgart: Quell 1996
- Zur Erfahrung der eigenen Personalität – Selbsterfahrung auf andere Weise, in: Spannendes Leben, München: Quintessenz 1991, S. 166–181

Anthony *de Mello,* Der Dieb im Wahrheitsladen. Die schönsten Weisheitsgeschichten, Freiburg: Herder 1998
- Der springende Punkt, Freiburg: Herder 1992
- Warum der Vogel singt. Geschichten für das richtige Leben, Freiburg: Herder 1988

Helen *Palmer,* Das Enneagramm. Sich selbst und andere verstehen lernen, München: Knaur 1991

Josef *Pieper,* Schriften zur philosophischen Anthropologie und Ethik: Das Menschenbild der Tugendlehre, in: Werke in acht Bänden, hrsg. v. Berthold Wald, Hamburg: Felix Meiner 1996, Band 4

Karl *Rahner,* Die Sinnfrage als Gottesfrage, in: Schriften zur Theologie, Bd. 15
- Gnade als Freiheit, Freiburg: Herder 1968
- Grundkurs des Glaubens. Einführung in den Begriff des Christentums, Freiburg: Herder 1976
- Über die Erfahrung der Gnade, in: Schriften zur Theologie, Einsiedeln–Zürich–Köln: Benziger 1962, Band 3

Erich *Rauch,* Spiritualität und höhere Heilung. Esoterische Praxis im Alltag, Heidelberg: Karl Haug 1998

R. *Rohr,* Masken des Maskulinen, München: Claudius 1993

Richard *Rohr*/Andreas *Ebert,* Das Enneagramm. Die neun Gesichter der Seele, München: Claudius 1991

M. *Scheler,* Die Stellung des Menschen im Kosmos, Bonn: Bouvier 1991

Franz *Sedlak,* Logotherapeutische Selbsterfahrung. Befreiung zur Verantwortung, in: Logotherapie und Existenzanalyse, Zeitschrift der Deutschen Gesellschaft für Logotherapie und Existenzanalyse e.V. 1/1992, S. 42–60

Franz *Vesely,* Bemerkungen zu Alfried Längles Buch »Viktor Frankl – Leben und Wirkung« in: Journal des Viktor-Frankl-Instituts 2/1998

Ludwig *Wittgenstein,* Tractatus logico-philosophicus, Frankfurt/Main 1973

Über den Autor

Dr. phil. Otto *Zsok,* geb. 1957 in Siebenbürgen/Rumänien, ist Vater eines Sohnes, Dozent für Logotherapie am Süddeutschen Institut für Logotherapie in Fürstenfeldbruck bei München. Er hat Theologie und Sozialpädagogik (Freiburg/Br.) und Philosophie (in München) studiert. Promotion in Philosophie an der *Hochschule für Philosophie* in München mit dem Thema *»Musik und Transzendenz«.* Ein philosophischer Beitrag zur Eruierung der geistig-spirituellen Inhalte der großen abendländischen Musik (Gregorianik, Bach, Beethoven und Mozart), Sankt Ottilien: EOS-Verlag 1998. Nach dem Studium sieben Jahre Tätigkeit als Sozialarbeiter beim Diözesancaritasverband München. Zugleich Journalist beim Rundfunk und Übersetzer. Ausbildung in Logotherapie am Süddeutschen Institut für Logotherapie. Seit 1989 viele Vorträge und Seminare über Logotherapie und Existenzanalyse sowie Musikmeditation in Deutschland, Österreich, Ungarn, Italien und in der Schweiz. Verfasser mehrerer Bücher zu diesen Themen. Prägende Grunderfahrungen seines Lebens sind die Auswanderung nach Deutschland (1981), die er als *»Exodus-Erfahrung«* bezeichnet, die klassische Musik und die Geburt seines Sohnes (1993), die für ihn als *»mysterium magnum«* Offenbarungscharakter hat.

Anschrift:
Süddeutsches Institut für Logotherapie GmbH
Geschwister-Scholl-Platz 8 · D-82256 Fürstenfeldbruck
Tel.-Nr.: 08141 / 18041 · Fax-Nr.: 08141 / 15195
Das Institut bietet an: Psychologische Beratung, Psychotherapeutische Behandlung, Logotherapeutische Ausbildung.
Es ist als gemeinnützig anerkannt.

Weitere Bücher des Autors

Zustimmung zum Leben. Logotherapeutisch-philosophische Betrachtungen um die Sinnfrage, Sankt Ottilien: EOS-Verlag 1994. (Mit einem Präludium von Elisabeth Lukas)
Zustimmung zum Leiden? Logotherapeutische Ansätze, Sankt Ottilien: EOS-Verlag 1995. (Mit einem Vorwort von Elisabeth Lukas)
Thomas von Aquin: Urbild, Abbild, Spiegelung. Das Schöne, das Gute und das Wahre in der Schöpfung, hrsg. v. Otto Zsok/ Rita Briese, München: Claudius Verlag 1995
Mut zum eigenen Lebens-Sinn! Themen des Menschseins auf logotherapeutischer Basis, Sankt Ottilien: EOS-Verlag 1997
Musik und Transzendenz. Ein philosophischer Beitrag zur Eruierung der geistig-spirituellen Inhalte der großen abendländischen Musik (Gregorianik, Bach, Beethoven und Mozart), Sankt Ottilien: EOS-Verlag 1998 (2. Auflage 1999)
Logotherapie und Glaubensfragen. Das Geheimnis des Lebens erspüren, München: Profil-Verlag 1999